준비가 알차면
직업이 직업에 관한 고찰 02
즐겁다

준비가 알차면
직업이

직업에 관한 고찰 02

즐겁다

탁석산 지음

직업 여행,
무엇을 챙겨 갈까

　여행을 떠나려면 무엇을 준비해야 할까요? 공항에 가 보면 큰 트 렁크를 끌고 다니는 여행객을 흔히 볼 수 있습니다. 여행, 그것도 해외여행이라면 여러 가지 준비물이 필요합니다. 음식이 입에 맞 지 않을 수 있으니 고추장도 챙겨야 하고, 날씨 변화에 대비해 긴 옷도 넣으면 좋겠지요. 또 혹시 아플지도 모르니 비상약도 잊으면 안 되겠지요. 이런 식으로 준비물을 챙겨 넣다 보면 트렁크가 커질 수밖에 없습니다. 물론 꼼꼼히 챙겨 가면 편리한 것은 사실입니다. 하지만 지나치게 많이 챙긴 나머지 불필요한 것들까지 집어넣는 경 우도 많습니다. 심지어 여행하며 한 번도 쓰지 않는 것들도 있지요.

　그렇다면 해외여행을 갈 때 꼭 가져가야 할 것은 무엇일까요? 저는 돈, 여권, 자신감 세 가지라고 생각합니다. 다른 것들이야 불 편함을 조금 참으면 그만이지만 돈이 없다면 지내기 어렵겠지요. 그리고 여권이 없다면 다른 나라로 갈 수가 없습니다. 돈과 여권이 눈에 보이는 것이라면 자신감은 눈에 보이지는 않아도 그 이상으로 중요한 것입니다. 자신감이 없다면 여행을 하는 의미도 없을 것입니다.

"그래, 나는 이방인이다. 그래서 나는 모른다. 그러니까 물어보는 것이 당연하다."

이런 자신감이 없다면 여행은 전혀 즐겁지 않을 것입니다.

다른 땅에 발을 내딛는 여행뿐 아니라 직업 세계에 발을 내디딜 때도 준비물이 필요합니다. 직업에서 실패하지 않으려면 무엇을 준비하면 좋을까요? 이것에 답하는 것이 2권입니다. 저는 직업을 위한 준비물로 크게 다섯 가지를 꼽습니다. 지식, 체력, 매력, 태도 그리고 용량입니다. 여행과 견주어 말하면 체력은 여권이라고 할 수 있고, 지식과 매력은 돈이라 할 수 있으며, 태도는 자신감 해당된다고 할 수 있겠습니다. 그리고 용량은 이 모든 것의 합에 해당합니다.

여권이 없으면 여행할 수 없듯이 체력이 받쳐 주지 않으면 일을 할 수 없습니다. 체력이 곧 토대인 셈이지요. 아무리 머리가 뛰어나고 성격이 좋아도 몸이 일을 감당할 수 없다면 다른 방도가 없습니다. 일을 떠나야 합니다. 그런데 체력은 단순히 힘만 가리키는 것이 아닙니다. 체력이란 몸매 관리와 체력, 건강을 아울러 뜻합니다. 단순히 힘이 있는 것이 아니라 보기 좋은 몸매를 가꾸고 신체가 건강한 상태를 유지하는 것을 말합니다. 건강 유지를 위해 금연과 금주는 필수입니다. 그리고 몸매 관리와 건강을 위해 비만을 피해야 합니다. 외형이나 내실이 모두 좋은 상태를 유지하여 일에 필요한 몸을 갖추었을 때 체력이 된다고 말할 수 있을 것입니다.

일을 하는 데 지식이 반드시 필요하다는 것은 누구나 알고 있습니다. 학교나 학원에서 지식에 관해 쉴 틈 없을 정도로 배우고 익히고 있으니까요. 지식은 다시 실용적 지식, 정보, 전문 지식, 교양으로 나눌 수 있습니다. 실용적 지식은 한국어와 영어입니다. 일을 하는 데 꼭 영어가 필요한 것은 아닙니다. 한국어만으로도 얼마든지 일을 할 수 있지만 환경이 급변하고 있어 이제는 영어도 직업을 위한 실용적 지식이 되었습니다. 이 밖에도 필요한 정보를 취득하고 분류하고 분석하는 능력이 있어야 하며, 일에 관한 전문 지식이 필요합니다. 기계공학을 전공해서 취직하려면 당연히 기계공학에 대한 전문 지식이 있어야겠지요. 전문 지식 없이 일하기는 힘들 것입니다. 그런데 전문 지식 외에도 사물에 대해 두루 알고 있어야 더 올바르고 시의적절하게 판단을 내릴 수 있기에 교양도 빠질 수 없습니다.

준비해야 할 것들이 참 많지요? 하지만 이것으로 부족합니다.

예전에는 일할 사람이 부족해서 전문 지식이 있으면 취직이 잘 됐습니다. 심지어 전공과 관계가 없어도 취직을 했습니다. 하지만 지금은 사정이 다릅니다. 일자리에 비해 사람이 많아졌습니다. 배운 사람도 아주 많이 늘었습니다. 즉, 전문 지식과 체력뿐 아니라 다른 것까지 필요해진 것입니다. 다른 사람과 거의 같은 수준의 지식과 체력을 갖춘 사람이 자신만의 매력과 스타일까지 지녔다면 더 좋은 기회를 얻을 수 있습니다. 매력이 점점 더 중요해지고 있습니다. 매력은 글자 그대로 다른 사람을 끌어당기는 힘입니다. 어떤 사람이 매력이 있다는 것은 왠지 그 사람에게 끌린다는 것이지요. 그런 힘이 있어야 일에서 성공할 수 있습니다.

매력은 성격, 개성, 잡기, 유머, 스타일로 이루어진다고 생각합니다. 그 가운데 가장 중요한 것은 개성입니다. 개성은 남과 다른 자신만의 특징을 말하는데, 개성을 지니려면 책을 읽는 것이 가장 좋은 방법입니다. 대중매체인 텔레비전이나 신문과는 달리 책에는 저자의 특유한 관점과 사색이 담겨 있기 때문입니다. 책을 읽고 사색한다면 자신도 모르는 사이 개성 있다는 말을 듣게 될 것입니다. 물론 스타일의 중요성이 점점 더 커져 가고, 젊은 사람들이 옷을 비롯한 스타일에 신경을 많이 쓰고 있습니다. 좋은 일입니다. 이왕에 멋지게 하고 다니는 것이 좋으니까요. 하지만 머릿속의 개성이 진정한 개성의 원천이라는 것을 잊지 말길 바랍니다.

여행 준비물 가운데 자신감에 해당되는 것이 태도라고 했는데, 이것은 한마디로 마음가짐을 말합니다. 직업에 필요한 태도는 검소한 생활을 하고 가난한 마음으로 사는 것입니다. 검소한 생활이란 욕심 없이 사는 것입니다. 요즘 사람들은 너무 욕심이 많습니다. 욕심이 많으면 좌절도 커서 불행해지기 쉽습니다. 직업에서도 항상 승승장구할 수는 없습니다. 때때로 주저앉는 경우가 더 흔하겠지요. 좌절과 실패에서 다시 일어나려면 평소에 검소한 생활을 해야 합니다. 그리고 항상 자만하지 말고 주어진 것에 감사하는 가난한 마음을 가져야 합니다. 그래야 어려움이 닥쳤을 때 이겨 낼 수 있습니다. 사업에 실패하는 바람에 좁은 집으로 이사를 가더라도 평소에 검소하게 살았다면 이겨 내기가 훨씬 수월하지 않겠습니까. 마음가짐은 무척 중요합니다. 마음가짐을 제대로 갖추지 않고 직업을 얻는다면 좌절할 경우 그 감정이 분노로 바뀔 것이며, 분노는 불행을 부를 것입니다.

짐을 꾸릴 때 필요 없는 것을 잔뜩 넣으면 쓸데없이 트렁크가 커집니다. 꼭 필요한 것만 챙겨 넣는 것이 현명하겠지요. 직업을 준비하는 데 꼭 필요한 것들을 말했습니다만, 가장 중요한 것이 하나 남아 있습니다. 그것은 바로 '생각하는 힘'입니다.

직업에서 성공하기 위해 지식, 체력, 매력 그리고 태도를 말했는데, 이러한 것들은 결국 용량을 키우기 위한 것입니다. 세상은 빠르게 변하고 수명은 길어지고 있기 때문에 직업을 몇 번씩 바꿔야 하는 상황입니다. 앞서 했던 직업과는 전혀 관련이 없는 일을 해야 하는 경우도 많이 생길 것입니다. 이런 경우를 생각한다면 어떤 직업에 종사하게 되어도 살아남을 수 있는 방책을 마련해야 합니다. 그것이 전체의 용량을 키우는 것입니다. 한 분야만 준비하거나 치중하는 것이 아니라 지식부터 태도까지 전체를 용량으로 생각하고 키워야 합니다. 그래야 어떤 상황에서든 대처할 수 있으니까요. 그리고 그 핵심에 생각이 있습니다. 생각의 조그만 차이가 훗날 따라잡을 수 없는 큰 차이를 만들기 때문입니다. 사람은 생각에 따라 판단하고 행동하기 때문에 생각의 위대한 힘을 믿어야 합니다.

이 책을 통해 직업 준비를 알차게 하는 것은 물론, 인생의 의미를 찾아 즐겁게 보낼 수 있기를 바랍니다.

—탁석산

2부 : 무엇을 준비해야 하는가

1. 직업을 위한 준비물

2. 지식이 있어야 일한다
(1) 한국어와 영어는 필수 실용적 지식
(2) 정보의 바다에서 헤매지 말자
(3) 뭐니 뭐니 해도 전문 지식
(4) 꾸준히 서서히 쌓아 가는 교양

"제 꿈은 음식 전문 기자예요. 어려서부터 유난히 음식에 관심이 많아서, 떡볶이 하나를 먹더라도 까다롭게 구는 편이지요. 그쪽으로 관심을 쏟다 보니까 신문이나 잡지에 실린 음식 기사도 챙겨 보게 되었고, 저도 그런 글 쓰는 일을 하고 싶다는 마음이 생겼어요. 그런데 신문사에서 일하는 이모를 보면 야근도 많고, 주말에도 출근하는 날이 많더라고요. 저는 바쁘게 일해서 돈을 많이 버는 것보다는 여유롭게 개인적인 시간을 즐기는 쪽이 좋거든요. 제가 원하는 직업과 제가 원하는 삶의 방식이 일치하지 않을 때, 어떡하면 좋을까요?"

1. 의사라고 다 같은 의사가 아니다

같은 직종이라도 삶의 무늬는 다양하다

장래 희망이 의사라는 학생에게 의사가 어떤 직업인지를 물으면 보통 이렇게 답합니다. 의사는 "환자의 병을 고치는 사람"이며, "비교적 돈도 많이 벌고 안정적이며, 남에게 인정받는 좋은 직업"이라고요. 모두 맞는 말입니다. 의사는 아픈 사람의 고통을 덜어주는 일을 하며, 직업으로서 안정성을 갖추고 있고, 사회적 지위와 돈이 뒤따릅니다. 그런데 한편으로는 이런 말도 있습니다.

"의사 사위는 좋아도, 아들은 의사 안 시킨다."

의사가 되기까지의 과정이 너무 힘들어서 자식에게는 시키고 싶지 않지만, 아플 때 덕 볼 수 있고 수입도 많으니 사윗감으로는 환영이라는 뜻입니다. 우스갯소리처럼 떠도는 이야기이긴 하지만, 이 말 속에는 일말의 진실이 있습니다. 이처럼 의사라는 직업을 바라보는 데는 이중 잣대가 존재합니다.

그런데 우리가 의사에 대해 알아야 할 것이 또 하나 있습니다. 그것은 의사라 해도 다 같은 의사가 아니라는 점입니다. 모든 의사가 병을 치료한다는 같은 일을 하고 있지만, 살아가는 방식은 저마다 다릅니다. 그럼, 개업의와 대학병원 의사를 비교해 볼까요?

감기에 걸리면 가장 먼저 찾아가는 곳이 동네 조그만 의원이지요. 개업의는 의원의 주인이다 보니 경영에도 많은 신경을 써야 합니다. 환자 수가 적으면 문을 닫아야 하고, 많으면 확장하기도 합니다. 이런 과정에서 겪는 위험은 전적으로 자신이 책임져야 하지요. 또 개업의가 치료할 수 있는 질병의 범위는 한정되어 있습니다. 그래서 환자 상태가 심각하면 종합병원으로 넘깁니다. 개업의는 출퇴근 시간이 거의 정해져 있고, 퇴근하면 일에서 벗어납니다. 경우에 따라 돈을 많이 벌 수도, 적게 벌 수도 있으나 시간은 비교적 많습니다.

이에 반해 대학병원의 의사는 대부분 교수입니다. 즉, 환자를 진료하는 한편 질병 연구도 병행합니다. 주로 증세가 심각한 환자를 진료하며, 학술지에 논문을 싣는 일도 게을리 할 수 없습니다. 한편으로는 월급을 받는 직장인이어서, 승진에도 신경 써야 하지요. 그리고 퇴근을 하더라도 병원에서 긴급한 일이 생길지도 모르므로 완전히 일에서 벗어나지는 못합니다.

직업상을 구체적으로 그려야 한다

같은 의사라 해도 이처럼 삶의 방식이 다릅니다. 그런데도 대부분은 의사라는 직업에만 신경을 쓰는 나머지, 어떻게 사는 것이 자신에게 맞는지 미처 생각하지 못합니다. 막연하게 의사가 되겠다고 생각하는 것을 넘어서 구체적으로 어떤 의사가 될지까지 고민해야 합니다. 환자를 보는 것보다 연구에 더 흥미가 있는지, 개업해서 자유롭게 일하는 것이 대학병원에서 직장인으로 근무하는 것보다 적성에 맞는지, 돈을 버는 것보다 시간이 많은 것을 좋아하는지 등을 먼저 따져 보아야 합니다.

사람이 사는 모습은 단순히 직종에만 달려 있지 않습니다. 의사라 하더라도 개업의와 대학병원 의사의 삶이 크게 다르듯이 같은 직종이라 해도 삶의 방식은 사뭇 다르기 때문입니다. 저는 직업을 선택하는 데 크게 세 가지 기준이 있다고 생각합니다. 첫째는 돈을 우선하느냐 시간을 우선하느냐, 둘째는 직장인이냐 프리랜서냐, 셋째는 전통적인 직업이냐 시류를 타는 직업이냐 하는 것입니다. 세 가지 기준을 따라가다 보면 자신이 어떤 종류의 직업을 원하는지 더욱 구체적으로 알 수 있을 것입니다.

2. 직업 선택의 첫 번째 기준
돈 vs 시간

돈이 우선인가, 시간이 우선인가

돈이 많으면 시간이 없고, 시간이 많으면 돈이 없는 경우를 많이 볼 수 있습니다.

돈을 많이 버는 사람은 할 일이 많고 신경 쓸 것도 많기에 자기 시간을 가질 틈이 없습니다. 그래서 "돈 쓸 시간이 없어서 돈을 모은다."는 말까지 생겨났습니다. 언제나 스케줄이 빡빡해서 한가롭게 여행을 즐기거나, 편안하게 음악 들을 시간을 좀처럼 내지 못합니다. 중요한 회의 탓에 자식의 입학식이나 졸업식에도 못 가는 경우가 많습니다. 늘 시간에 쫓기므로 계절이 바뀌는 것도 알아채지 못하고 살아갑니다.

하지만 돈이 보상을 해 줍니다. 크고 좋은 집에서 살 수 있고, 등록금 걱정 없이 자식들 좋은 대학에 보낼 수 있고, 철마다 새 옷도 장만할 수 있습니다. 아주 가끔이지만 해외여행도 다녀오고, 고급

레스토랑에서 우아하게 식사하기도 합니다. 물론 고급 차를 모는 맛도 쏠쏠합니다.

반면에 이런 삶도 있습니다. 한때 잘나가는 직장인이었지만 어느 날 도시 생활을 접기로 마음먹습니다. 그러고는 산골로 가 집을 짓고 소박하게 살아가는 쪽을 택한 것입니다.

돈 좋다는 거야 세상 사람들 모두가 압니다. 그러나 돈이 너무 많으면 오히려 재앙이 되고, 돈이 너무 없으면 고생한다는 것도 압니다. 그래서 필요한 만큼의 돈으로 사는 생활을 추구하는 사람들이 등장하는 것입니다. 얼마가 있든 만족할 줄 아는 삶을 추구하는 것이지요. 이들은 아무리 돈이 좋고, 돈이 편리함을 가져다준다고 해도 세상에서 가장 소중한 것은 시간이라고 여깁니다. 결국 지나고 나면 남는 것은 추억뿐이고, 여유롭게 음미한 순간들이 추억이 된다고 생각하지요. 따라서 직업을 선택할 때 돈보다는 시간을 중요한 기준으로 삼습니다.

두 마리 토끼를 잡을 수는 없다

여러분은 어느 쪽인가요? 돈과 시간을 동시에 쥘 수 없다면 어느 쪽을 택하겠습니까? 아마 이렇게 되묻는 사람도 있을 것입니다.

"돈도 많이 벌고 자기 시간도 많은 직업은 없나요?"

물론 그런 직업도 있을 것입니다.

나에게 맞는 직업은 무엇인가

개인 투자자는 어떨까요? 주식 시장은 아침 9시부터 오후 3시까지, 하루 6시간 동안 열립니다. 그러니 하루에 6시간만 일하면 나머지 시간은 자유롭게 지낼 수 있을 테고, 투자에 성공하면 짧은 시간에 큰돈을 벌 수도 있을 것 같지요. 그런데 실제로는 그렇지 않습니다. 개인 투자자는 하루 24시간 주식과 투자에서 벗어나지 못합니다. 주식 시장이 열리지 않는 시간에는 정보를 수집하고 분석해 두어야 합니다. 그래야 시장이 열리면 주식을 팔지, 살지 짧은 시간 안에 결정을 내릴 수 있기 때문입니다. 그러니 개인 투자자는 결코 개인 시간이 많은 직업이 아닙니다.

그럼, 은행에 돈을 많이 맡겨 놓고 이자로 생활하거나, 건물 임대 수입으로 생활하는 사람은 어떨까요? 돈도 많이 벌고 시간도 많지 않을까요? 맞습니다. 하지만 이처럼 노동하지 않고 재산 수입으로 사는 것이 바람직하지 않다는 것은 이미 1권 2부에서 충분히 말했습니다.

사람이 일을 해야 한다는 것을 받아들인다면, 돈과 시간이라는 두 마리 토끼를 동시에 잡기란 쉽지 않습니다. 한 마리 토끼만 선택해야 한다면 여러분은 어느 쪽인가요? 다음의 표를 보고 사다리 타기를 하듯 따라가 봅시다.

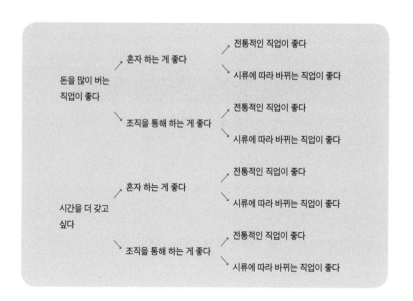

우선 돈과 시간 중 어느 것에 마음이 더 끌립니까? 돈을 택했다면 그 다음 단계인 혼자 하는 게 좋은가, 조직을 통해 하는 게 좋은가를 선택합니다. 너무 고민할 필요는 없습니다. 마음 가는 대로 하면 됩니다. 그러면 혼자 하는 것과 조직을 통해 하는 것의 차이점은 무엇일까요? 지금부터 그것을 알아보겠습니다.

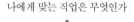

3. 직업 선택의 두 번째 기준
홀로 vs 조직

혼자 할 때 빛나는 사람, 여럿이 할 때 빛나는 사람

혼자 놀기를 좋아하는 사람이 있는 반면, 여러 사람 속에 들어가 있어야 제 실력을 발휘하는 사람도 있습니다. 혼자 하는 것을 좋아하는지, 아니면 조직 속에서 더 생기를 띠는지는 일을 하는 데 있어서 매우 중요한 문제입니다. 그런데 이상하게도 직업을 택할 때 단순하지만 영향력이 강한 이 요소를 고려하는 사람이 드뭅니다. 혼자 하는 것과 조직 속에서 하는 것의 차이를 작가를 예로 들어 설명해 보겠습니다.

소설가인 동시에 대학교수인 사람들이 있습니다. 그런데 소설 쓰는 일은 혼자서 해 내야 하는 고독한 작업입니다. 혼자 놀기를 좋아하지 않고는 하기 힘들지요. 누가 이런저런 지시를 내리지도 않고, 근무 시간을 정해 놓고 하는 일도 아니며, 근무 규정이 있는 것도 아닙니다. 전적으로 혼자의 힘으로 아이디어를 내고 원고를 써야 합니다.

반면 대학교수는 비교적 자유로워 보이지만 엄연한 조직인입니다. 정해진 시간에 맞추어 강의를 해야 하고, 학생도 관리해야 하며, 학교 행정 업무도 처리해야 합니다. 일반 회사원에 비해 조금 자유로울 뿐, 교수도 직장이라는 조직의 질서를 지켜야 합니다. 작가처럼 쉬고 싶을 때 아무 눈치도 안 보고 쉴 수 있는 직업이 아니라는 것입니다. 휴가도 규정에 따라야 하고 해외여행도 절차를 따라야 합니다.

따라서 작가이면서 교수를 하는 것은 쉬운 일이 아닙니다. 천성이 혼자 놀기 좋아하는 사람이 조직 생활을 병행하려면 어려울 수밖에 없겠지요. 그래서인지 종종 교수를 그만두는 작가들이 있습니다. 사람들은 교수라는 좋은 자리를 왜 그만둘까 하고 의아하게 여기지만, 프리랜서에 맞는 사람이 직장인으로 살아가려니 얼마나 힘들었을까 생각하면 이상한 일도 아닙니다.

저는 군대에서 사람들이 참 다르다는 것을 실감했습니다. 저는 예나 지금이나 조직을 좋아하지 않습니다. 사람이 많이 모여 있는 곳은 일단 마음이 끌리지 않으며, 계급이 존재하는 집단에 가면 상상력이 마비되는 느낌입니다. 특히 절차를 매우 귀찮아합니다. 한마디로 귀찮음을 견디지 못하므로 조직 생활에 맞지 않으며, 맞지 않으니까 싫어하는 것입니다.

그런데 군대에 가서 보니 군대에 잘 맞는, 이른바 '군대 체질'인 사람이 실제로 꽤 많이 있었습니다. 보통은 군대라고 하면 손을 내젓지만, 사실 군대가 체질에 딱 맞는 사람도 꽤 있더란 말입니다. 규칙을 좋아하고, 질서를 지키는 일에서 자부심을 느끼고, 절차 하나하나에서 생활의 활력을 느끼는 것 같은 사람들이 있습니다.

"군대 오기 전에는 주로 혼자 지내서 심심했는데, 군대에 오니 사람들이랑 같이 지내서 좋다."는 사람도 있었고, "시골에서 농사를 짓다가 왔는데 군대 생활이 농사짓는 것보다 훨씬 편하다."는 사람도 있었습니다. 농사지을 때는 혼자서 모든 책임을 졌지만, 군대에서는 지시에 따르면 그만이라 속이 편하다는 것입니다. 게다가 먹을 것, 입을 것도 해결해 주니 좋다는 것이었지요. 군대에서 많은 사람들을 접한 뒤로 역시 사람은 저마다 다르다는 것을 절감했습니다.

가수를 보더라도 솔로에 어울리는 사람이 있는가 하면, 그룹에 더 잘 어울리는 사람이 있습니다. 혼자 할 때 빛이 나는 사람과 여럿이 할 때 빛이 나는 사람이 따로 있다는 뜻입니다. 그러므로 음악가를 꿈꾸고 있다면 독주에 더 소질이 있는지, 합주에 더 소질이 있는지 알아보는 것은 매우 중요합니다. 악단과 같은 조직 생활이 맞는지, 혼자서 활동하는 것이 더 맞는지 구분할 줄 알아야 더 나은 인생을 꾸려 갈 수 있습니다.

조직의 힘은 무섭다

그런데 문제는 아무리 조직 생활을 좋아하지 않는다 하더라도 혼자 일해 나가기가 매우 어렵다는 것입니다. 처음부터 혼자 창업하여 회사를 키우고, 혼자 노래를 만들어 부르고, 혼자 식당을 운영하는 일은 결코 쉽지 않습니다. 그래서 사람들은 나중에 혼자 일하기 위해 우선 회사에 취직합니다. 조직 속에서 일을 배우며 훗날 혼자 일할 수 있는 힘을 키우는 것입니다. 회사에 취직했는데 의외로 조직 생활이 잘 맞을 수도 있습니다. 그러면 계속 다니면 되고, 안 맞으면 일을 배울 때까지 다니다가 나오면 됩니다.

그런데 사람들은 종종 조직과 자신을 동일시하는 착각에 빠집니다. 잘나가는 기업에 다니던 사람이 자신이 유능한 덕에 회사가 성장했다고 여기는 것이 이 경우입니다. 이런 사람이 자신의 능력을 믿고 회사를 그만두고 창업을 했다가 어려움을 겪는 수가 많습니다. 자신의 능력을 과신하고 착각했기 때문이지요. 거래처 사람들은 기업을 보고 그 사람과 일한 것이지, 개인을 보고 일한 것이 아닙니다.

이처럼 조직 속에서 일하는 사람들은 종종 은연중에 회사와 자신을 동일시한다고 합니다. 그랬다가 자칫 실패를 겪기도 하지요. 이런 잘못을 범하지 않으려면 처음부터 자신이 혼자 하는 것에 맞

는 사람인지 조직에 속해야 더 잘하는지 사람인지를 세밀하게 관찰해야 합니다. 실제로 조직 생활을 해 보면 자신이 어느 쪽에 맞는지 알아볼 수 있습니다.

주변에는 "나는 회사 생활이 맞지 않아." 하고 이야기하는 사람들이 꽤 많습니다. 말로는 그러면서도 대부분은 아주 오랫동안 회사를 다니지요. 스스로는 잘 알아채지 못하지만 사실 조직 생활에 잘 맞기 때문입니다. 이런 사람은 대개 조직을 나오면 무력해지는 유형입니다.

사람들이 실직이나 백수 상태를 두려워하는 것은 돈을 벌지 못한다는 것도 있지만, 조직에 속하지 않는 데 대한 불안감이 더 크기 때문입니다. 소속이 없으면 황야에 홀로 버려진 느낌을 받습니다. 어디에 가서 자신을 소개할 때도 예전과는 사뭇 다르다는 것을 느끼게 됩니다. 예전에는 명함을 건네기만 하면 명함에 찍힌 회사 이름과 직위를 보고 사람들이 판단을 내렸습니다. 대기업일수록, 직위가 높을수록 평가가 높겠지요. 하지만 직장을 떠나면 모든 것을 스스로 증명해야 합니다. 보호막이나 후광은 이제 없습니다. 만일 이런 것이 두렵다면 조직을 떠나서는 살기 힘든 유형입니다.

홀로 일하려면 내공이 필요하다

세상에는 조직을 떠나 살기 힘든 사람, 다시 말해 혼자 놀기보다 조직 생활이 생리에 맞는 사람이 훨씬 많습니다. 그것은 홀로 복잡한 세상과 맞서 싸우는 것이나 세상을 피해서 홀로 생활하는 것이 쉽지 않기 때문이지요. 창작이나 예술을 하는 사람들 가운데는 혼자 놀기 좋아하는 사람들이 많은데, 이들도 무리를 지어 무슨 단체나 협회를 만들어 활동을 합니다.

하지만 요즘 이런 추세에 변화가 일어나고 있습니다. 새로운 세대를 중심으로 '혁신적 개척자'들이 등장하고 있는 것입니다. 취업 대신 창업을 하는 젊은이들이 늘고 있다는 것인데요, 한 신문은 다음과 같이 쓰고 있습니다.

청년 실업이 심각하지만 한국의 2030 세대 가운데는 기존의 틀과 안정 대신 모험과 도전을 선택한 혁신적 개척자가 적지 않다. 이들은 조직에 얽매여 살기보다는 재미와 성취감, 꿈을 찾아 스스로 자신만의 길을 개척하고 있다.

—「동아일보」, 2008년 10월 3일

그리고 전문가의 말도 덧붙어 있습니다.

이경희 창업전략연구소장은 '조직에 얽매이기 싫어하고 자신이 관심 있는 일을 무한정 즐기는 요즘 젊은 세대의 기질은 샐러

리맨보다 창업에 잘 들어맞을 수 있다.'고 말했다.

　말하자면 한국의 빌 게이츠를 꿈꾸는 젊은 세대가 등장했다는 것입니다. 이들 가운데는 물론 성공 사례도 많습니다만, 주의할 점이 있습니다. 취업이 안 되기 때문에 창업을 택해서는 곤란하다는 것입니다. 중요한 것은 우선 자신이 조직에 맞는 사람인지, 아니면 홀로 일하는 게 맞는 사람인지를 파악하는 것입니다. 창업을 한다고 해서 이 문제가 해결되는 것은 아니기에 신중하게 생각해야 하는 부분입니다.

　창업(創業)이란 글자 그대로 기업을 일으키는 일입니다. 기업은 저마다 규모의 차이만 있을 뿐 근본적으로 조직입니다. 창업을 한다고 해서 홀로 일하는 것이 아닙니다. 신문 기사에서 말한 것처럼 '조직에 얽매이기 싫어'서 창업을 했다고 합시다. 처음에는 혼자 꾸려 갈 수 있을지 몰라도 사업이 잘되면 직원을 두어야 합니다. 그때부터 홀로 일하는 것이 아니라 '조직'이 되고 말지요. 그리고 자신은 사장으로서 조직을 이끄는 핵심이 됩니다. 이렇게 되면 조직에 얽매이는 게 싫어서 창업한 것은 허사가 되고 말겠지요. 즉, 홀로 창업하는 것과 홀로 일하는 것은 다른 문제입니다. 창업은 조직 구축의 시작입니다.

　홀로 노는 것을 좋아하고 조직에 얽매이는 것이 싫어서 혼자서 하는 직업을 택하려면 고독을 견디는 힘을 갖추어야 합니다. 귀찮은 일들을 처리할 마음의 준비도 해야 합니다. 그리고 모든 일을 혼자 결정해야 하며, 일이 잘돼도 조직을 만들지 않을 자유정신도 필요합니다. 결코 쉬운 일이 아닙니다.

4. 직업 선택의 세 번째 기준

안정 vs 모험

부모는 안정성이 최고라고 말한다

저의 아버지는 고초를 많이 겪은 세대입니다. 일본의 지배, 해방, 전쟁 등을 겪으면서 당신의 꿈을 이루기는 어려웠을 것입니다. 모두가 가난한 시절, 모두가 어려운 시절을 살아갈 수밖에 없었던 아버지는 저에게 의사라는 직업을 권했습니다. 이데올로기나 체제와 관계없이 살아갈 수 있는 직업이라는 이유에서였습니다. 전쟁 중에도 의사는 대접을 받는다는 말씀도 해 주셨습니다.

아버지가 저의 적성이나 흥미에 관심이 없지는 않으셨을 것입니다. 왜냐하면 고등학교 때 『아라비안나이트』 전집을 사 오신 것도, 『세계문학전집』과 『세계사상전집』을 사 주신 것도 아버지였기 때문입니다. 아들이 책 읽기를 좋아하고 생각하는 데 취미가 있다는 것은 아버지도 알고 계셨던 것입니다. 하지만 직업은 역시 직업이었던지라, 안정되게 살 수 있는 의사를 권하셨습니다. 그러나 그것은 저와는 맞지 않는 길이었고, 저는 지금 글을 쓰며 생계를 유지하고 있습니다. 하지만 이제는 아버지가 왜 의사를 권하셨는지 충분히 헤아릴 수 있습니다. 그것은 안정성 때문이었고, 안정성은 전통적 직업의 최고 덕목이기 때문입니다.

부모가 되면 거의 모두가 자식이 안정된 직장을 갖기 바라는 것 같습니다. 어떤 상황에서도 흔들림 없이 꾸준히 돈을 벌 수 있는 것이 부모들이 권하는 직업입니다. 더욱이 요즘 같은 불황에는 더욱더 안정된 직장을 선호합니다. 세계 경제가 언제 회복될지 불투명하고, 회복된다 해도 예전과 같은 고도성장은 기대하기 어려운 시대이기에 안정된 직업은 더욱더 인기가 있습니다. 대표적인 예가 공무원입니다. 요즘 공무원 시험은 경쟁률이 100대 1을 훌쩍 넘는 경우가 많습니다. 공기업도 마찬가지입니다. 공무원이나 공기업의 인기가 높은 이유는 보수도 괜찮지만 무엇보다 정년이 보장된다는 안정성 때문입니다. 즉, 한창 일할 나이에 해고될 염려가 없다는 것이지요. 국가에 대한 봉사는 그 다음 문제고, 안정된 직장이라는 매력 때문에 많은 사람들이 몰리고 있습니다.

전통적 직업은 안정적이다

안정성을 장점으로 하는 전통적 직업에는 교수(교사), 종교인, 의사, 법조인, 공무원 등이 있습니다. 전통적이라는 것은 검증을 거

쳐 살아남았다는 뜻입니다. 인류가 직업을 갖기 시작한 이래 세상에 얼마나 많은 직업이 있었겠습니까. 수많은 직업이 생겨났다 없어지길 수없이 반복했을 것입니다. 전통적 직업이라고 부르는 직업들은 오랜 세월 속에서 살아남은 직업이기에 앞으로도 살아남을 것이라 예상하는 것이 자연스럽겠지요.

사람을 가르치는 일은 앞으로도 사라지지 않을 것입니다. 그 가운데서도 직접 얼굴을 맞대고 가르치는 일은 사라지지 않을 것입니다. 아무리 통신과 매체가 발달하여 멀리 떨어져서도 가르칠 수 있다 해도, 가장 효과적인 교육은 역시 얼굴을 맞대고 가르침을 주고받는 것이기 때문입니다.

어떤 전문가가 말하길, 21세기에 가장 유망한 산업은 '다이어트'와 '종교'라고 했습니다. 다이어트 산업은 오래된 산업이 아니지만, 지금 가장 유망한 분야 중 하나인 것만은 틀림없어 보입니다. 다들 살을 빼는 데 관심이 많을 뿐 아니라, 실제로 많은 돈과 시간을 쏟고 있습니다. 하지만 인류가 이렇게 영양 과잉 상태에 이른 것은 채 50년도 되지 않은 일입니다. 즉, 비만은 인류가 처음으로 경험하는 질병인 셈이지요.

반면에 종교는 전통적인 것으로, 앞으로도 이와 관련된 직업은 번창할 것입니다. 과학이 아무리 발달해도 종교는 죽지 않습니다. 아니, 오히려 더 번창할 것입니다. 인생의 의미나 세상의 궁극적

목표 따위를 과학의 언어로는 충분히 드러낼 수 없으니까요. 과학과 종교는 짝과 같습니다. 지금도 종교는 사람들의 허무한 마음과 공허한 영혼을 달래 주고, 채워 주고 있습니다. 이 같은 일은 아주 오래전부터 있어 왔고, 앞으로도 변하지 않을 것입니다.

의사가 전통적 직업이라는 것은 누구나 알고 있습니다. 사람이 아프지 않고는 살아갈 수 없으므로 의사라는 직업은 사람이 존재하는 한 존재할 것입니다. 앞으로 유전공학이 대단히 발전하면 질병에 걸리지 않는 사람이 나올지도 모르겠으나, 그런 경우라 할지라도 사람을 관리할 의사는 필요하겠지요. 의사는 이데올로기나 체제와 관계없이 없어서는 안 되는 존재이고, 또 상당히 인정을 받는 존재입니다. 따라서 의사라는 직업은 앞으로도 계속 남을 것입니다.

공무원도 다른 직업에 비해 안정성이라는 점에서는 뒤지지 않습니다. 공무원은 철밥통이라는 말도 있을 정도이니까요. 정년이 보장되고, 웬만한 비리가 아니고서는 잘리지 않습니다. 명예퇴직이니 희망퇴직이니 해서 요즘처럼 불안정한 고용 시장에서 공무원의 안정성은 의사나 교사보다 낫다고 할 수 있을 정도입니다. 그리고 국가의 역할이 점점 커지는 지금과 같은 상황에서 공무원은 안정성뿐만 아니라 보람도 크다고 할 수 있기에 앞으로도 인기 직업일 것입니다.

법조인도 전통적 직업입니다. 사람 사이의 분쟁은 사람이 삶을

나에게 맞는 직업은 무엇인가
•

영위하는 한 사라지지 않을 것입니다. 그래서 오래전부터 분쟁을 다루는 직업이 있어 왔고, 앞으로도 존재할 것입니다. 특히 근대 이후 개인의 시대가 열리고 민주주의가 확립됨에 따라 법조인의 수요가 크게 늘었습니다. 달리 말하면 분쟁이 넘쳐 나게 된 것이지요. 시대가 발전함에 따라 분쟁은 더욱 복잡해지고 해결은 더 힘들게 되었습니다. 따라서 앞으로 더 많은 변호사와 판검사가 필요할 것입니다. 공부 잘하는 학생이 법대나 로스쿨에 가는 추세도 여간해서 바뀌지 않을 것입니다.

불황이 길어지고 깊어지다 보니 불황에도 살아남을 수 있는 직업이 자연 관심을 끌고 있습니다. 경제 격주간지 「포브스」 온라인판에 따르면 경기를 타지 않는 직업 1위에 세일즈가 올랐다고 합니다(「아시아경제」, 2008년 7월 22일). 세일즈의 뒤를 이어 소프트웨어 설계·개발, 간호, 회계 담당 중간 관리, 회계 실무, 네트워킹·시스템 관리, 관리 보조, 비즈니스 분석 및 리서치, 금융 실무가 자리하고 있습니다. 물론 이 기사도 상당한 근거를 가지고 썼으리라 생각하지만, 경기를 타지 않는 직업은 뭐니 뭐니 해도 전통적 직업이 최고입니다. 따라서 앞으로도 전통적 직업에 대한 선호는 계속될 것입니다.

시류를 타는 직업은 부침이 심하다

안정성을 기반으로 하는 전통적 직업에도 물론 약점이 있습니다. 그것은 역동성이 부족하다는 점입니다. 안정적이라는 것은 다른 말로 하자면 틀에 박히고, 점잔 빼고, 재미가 별로 없다는 뜻도 되기 때문입니다. 교사, 의사, 종교인, 법조인의 생활을 떠올려 보세요. 매일 출근하여 어제와 비슷한 일을 오늘도, 내일도 합니다. 남의 이목에서 자유롭지도 못하지요.

모험을 즐기는 사람들은 전통적 직업을 택하지 않는 경향이 강합니다. 이런 사람들은 보통 위험이 따르더라도 자신이 좋아하는 것을 직업으로 택합니다. 예를 들어 사업이 있습니다. 사업 하는 사람들은 망하기도 잘하고 다시 일어서기도 잘합니다. 운에 많은 것을 맡기기도 하지만, 밤낮을 가리지 않고 일에 몰두하여 새로운 것을 만들고 일구어 내는 것을 기쁨으로 여깁니다.

전통적 직업과 달리 사업은 안정성이 없습니다. 잘되면 아주 좋고, 안 되면 폭삭 주저앉는 수도 있지요. 사업이 잘될 때와 그렇지 않을 때의 상황은 차이가 매우 큽니다. 사업을 하다 망한 사람의 이야기를 들어 보면 그들도 한때는 잘나가던 시절이 있었습니다. 해외여행과 커다란 차와 넓은 집, 그리고 골프장. 그러다가 사업이 망하고 나면 빚과 탄식만 남는다고 합니다.

회사가 아니더라도 사정은 크게 다르지 않습니다. 동네에서 식

당을 해도 마찬가지입니다. 손님이 많을 때는 여유가 있어서 돈 걱정 없이 자식들 학원도 보내고 하지만, 경기가 나빠지거나 주위에 큰 식당이 들어서거나 하면 손님이 끊겨 쪼들립니다.

전통적 직업이 환경 변화에 비교적 둔감한 반면 시류를 타는 직업은 민감하기 때문에 부모들은 자식이 전통적 직업을 갖기를 바랍니다. 걱정 없이 속 편하게 사는 것을 바라는 것이지요. 하지만 사람들은 저마다 재주도 다르고, 환경도 다르기 때문에 시류를 타는 직업에 훨씬 더 많은 사람이 종사하고 있습니다.

아주 오래 전에는 운전기사가 매우 선망받는 직종이었습니다. 자동차가 귀한 시절이어서 차를 운전할 줄 아는 사람도 후한 대우를 받았습니다. 이런 시절이 꽤 지속되었으나 지금은 어떻습니까. 운전면허 없는 사람이 오히려 별종 취급을 받는 시대가 되지 않았습니까.

문방구도 예전에는 장사가 잘되었습니다. 제가 초등학교 다닐 때는 학교 앞 문방구가 항상 활기에 넘쳤습니다. 그 시절에는 참고서도 문방구에서 샀습니다. 하지만 지금 동네 문방구는 큰 규모의 체인점에 눌려 수가 크게 줄었습니다. 동네 빵집도 브랜드를 앞세운 제과점이 하나 둘 들어오면서 점차 사라지고 있습니다. 이런 사례는 끝없이 들 수 있습니다. 시류에 따라 변하는 직종이 매우 많고 다양하기 때문입니다.

인쇄소 식자공도 한 예가 되겠습니다. 신문이나 책을 찍는 활자를 다루는 직업이었는데, 꽤 오랫동안 전문직이었으나 컴퓨터의 등장으로 사라졌지요. 컴퓨터가 많은 직업을 사라지게 했습니다. 주산 학원도 없어졌고, 펀치를 뚫는 직업도 없어졌습니다. 사라진 것도 많지만 인터넷의 발달과 포털 사이트의 등장으로 새로운 직업이 많이 생겨나기도 했습니다. 하지만 시대가 바뀌면 이 또한 사라지지 않을까요?

세상이 변하면 직업도 변한다

일본 NHK에서 방송한 「워킹 푸어」라는 프로그램을 본 적이 있습니다. 워킹 푸어란 '일하는 빈곤층'으로 풀이할 수 있는데요, 열심히 일을 했거나 하고 있으나 매우 가난한 사람을 가리킵니다. 이 프로그램에서 홋카이도에 사는 양복장이 이야기가 나왔습니다. 이 할아버지는 몇 십 년 동안 양복점을 해 왔는데, 예전에는 아주 경기가 좋았다고 합니다. 그런데 양복을 맞춰 입는 사람이 점차 줄었고, 양복점은 쇠락을 거듭하여 이제는 유지조차 힘든 상황이 되었습니다. 나이가 들어 다른 일을 구하기는 힘들고, 아내는 병원에 장기 입원 중이어서 고통은 가중되고 있었습니다.

누구나 옷을 입습니다. 남자라면 양복 한 벌쯤은 갖추고 있고요. 따라서 양복 만드는 일은 평생 해도 망하지 않을 것 같다는 생각이

듭니다. 저도 어렸을 때 그렇게 생각했습니다. 재봉 기술만 있으면 먹고사는 문제는 걱정하지 않아도 될 것 같았습니다. 하지만 공장에서 대량 생산하는 기성복이 날로 발전하면서 맞춤 양복을 시장에서 밀어내고 말았습니다. 양복장이의 실력, 열정, 성실함은 그대로지만, 세상이 변한 것입니다. 시류를 탄다는 것은 자신은 그대로인데 세상이 변해서 직업을 잃거나 쇠락한다는 뜻입니다. 홋카이도의 양복장이 할아버지도 세상이 변했는데 그에 적응하지 못한 사례겠지요. 사람이 사는 한 옷 만드는 사람 역시 존재하겠지만 그 방식은 변해 갑니다. 그 방식이 빠르게 변하는 직업이 시류를 타는 직업입니다.

5. 나에게 맞는 직업은 무엇인가

어떤 직업인이 되고 싶은가

변호사가 되고 싶어 하는 사람이 있습니다. 변호사가 되려면 무엇을 해야 할까요? 공부요? 물론 해야지요. 로스쿨에도 가야 하고, 시험에도 합격해야 합니다. 하지만 그 전에 앞에서 말한 직업의 분류 기준 세 가지에 대해 생각을 해야 합니다. 돈/시간, 안정/모험, 홀로/조직의 기준을 변호사에 적용해 보고, 구체적인 모습을 그려 봐야 합니다.

"로펌에 들어가 회사 생활을 하는 변호사가 될 것인가, 혼자 독립하여 변호사 사무실을 운영할 것인가?"

"개인 시간을 많이 누리는 변호사가 될 것인가, 돈을 많이 버는 변호사가 될 것인가?"

"변호사는 전통적 직업에 속하므로 안정적이라고 할 수 있는데, 모험보다 안정을 택하는 것이 과연 내 적성에 맞는가?"

하나씩 선택을 해 나가다 보면 구체적 모습이 드러납니다.

예를 들어 볼까요? 우선 자신이 안정과 모험 중 안정을 더 마음에 들어 한다면 변호사를 택해도 무난할 것입니다. 안정보다는 모험을 더 좋아한다면 변호사가 되어 가난한 사람, 사회적 약자를 변호하는 길을 택할 수도 있겠지만, 어쨌든 안정을 택한다고 해 봅시다. 그러고는 시간보다는 돈을, 홀로보다는 조직 생활을 바란다면 어떤 모습이 떠오르나요? 대형 로펌에 들어가서 밤낮을 가리지 않고 열심히 일하는 변호사의 모습이 그려집니다. 조직 생활이 맞는다면 로펌에 들어가기 전에 검사나 판사를 하는 것도 좋을 것입니다. 그렇다면 선택지는 이렇게 됩니다.

① 로스쿨 → 판사 혹은 검사 → 대형 로펌의 변호사
② 로스쿨 → 대형 로펌의 변호사

대형 로펌의 변호사는 대개 무척 바빠서, 시간보다는 돈을 우선한다고 보입니다. 그래서 더 이상의 선택지는 만들지 않았습니다. 변호사를 원하되 홀로 하는 것이 더 좋은 사람에게는 로스쿨 이후에 개업 변호사가 되는 길이 기다리고 있을 것입니다. 개업 변호사가 된 다음에는 돈을 택하느냐 시간을 택하느냐에 따라 일과가 매우 다릅니다.

③ 로스쿨 → 개업 변호사 → 돈 위주의 일과

④ 로스쿨 → 개업 변호사 → 시간 위주의 일과

변호사라 하더라도 다 같은 삶을 사는 것이 아니라 이처럼 저마다 다르게 살아갑니다. 어떤 선택을 하느냐는 자신이 원하는 바와 적성에 따라 달라지게 마련입니다.

직업 선택의 세 가지 기준 적용하기

직종이 아니라 돈 버는 것을 우선 목표로 삼더라도 세 가지를 고려해야 하는 것은 마찬가지입니다. 시간보다 돈을 택한다고 합시다. 그런 다음에 홀로/조직의 기준을 적용해 봅시다. 혼자 하는 것이 더 좋다면 전통적 직업 가운데 개업 의사나 개업 변호사 따위를 생각해 볼 수 있습니다. 시류를 타는 직업이라면 개인 사업, 즉 장사가 있습니다. 자신의 점포를 가지고 장사를 하는 것은 전통적 직종과 달리 시류에 민감합니다. 따라서 모험을 즐기는 마음까지는 아니더라도 감수하겠다는 자세가 필요합니다. 떡볶이 가게를 해서 돈을 모으는 사람도 있고, 동네에서 과일을 팔아 조그만 건물을 사는 사람도 있습니다. 더 큰돈을 벌고 싶으면 어디엔가 들어가 일을 배우는 편이 좋습니다. 하지만 회사나 가게에 들어가 종업원으

로 일하는 것은 나중에 독립하기 위한 준비 단계이므로 홀로 한다는 기준을 저버린 것은 아닙니다. 이것은 돈/시간 중 돈을, 안정/모험 중 모험을, 홀로/조직 중 홀로를 택한 경우입니다. 돈, 모험을 택하고 조직을 택한다면 회사에 들어가 높은 자리에 오르는 것이 효율적일 것입니다.

그냥 조용히 살고 싶은 경우는 어떨까요? 이런 사람들은 보통 돈보다 시간을 택합니다. 시간이 많으면서 조용히 살려면 회사 생활은 피해야 합니다. 혼자 하는 일을 골라야 하지요. 전통적인 직업 가운데 개업 의사, 개업 변호사, 교수 등이 여기에 해당합니다. 작가는 조용히 지낼 수 있고 시간도 많지만 안정성은 없습니다. 필요한 돈을 모을 때까지만 일하는 프리터도 가능합니다. 자신이 원하는 시간에 적당히 일하고, 돈은 없지만 비교적 조용하게 지낼 수 있습니다. 여행가도 가능합니다. 즉, 프리랜서라고 불리는 직종이 여기에 해당된다고 할 수 있습니다.

일본 NHK에서 도쿄 긴자에 사는 젊은이를 취재한 프로그램을 본 적이 있습니다. 긴자는 도쿄에서도 화려하기로 명성이 높은 거리입니다. 그 젊은이는 긴자의 한 건물 쪽방 같은 곳에서 하루 종일 게임만 하고 살고 있었습니다. 이른바 명문대 출신인 그는 게임이 좋아서 그렇게 산답니다. 방해나 간섭이 없어 좋다고도 했습니다. 아침에 신문 배달을 해서 간신히 먹고살며, 돈이 생기면 즉시 새로 나온 게임을 하는 데 씁니다. 돈/시간에서 시간, 홀로/조직에서 홀로, 안정/모험에서 모험을 택한 경우라고 할 수 있습니다.

직업 선택의 사다리를 타자

직업 분류와 직업 선택의 기준을 알아보았습니다. 세상에는 수많은 직업이 있습니다. 그에 따라 수많은 분류법이 있을 것이며, 그 기준도 다양하고 많습니다. 그 가운데 저는 앞의 세 가지를 기준으로 직업을 분류하고, 그것을 선택의 기준으로 활용했습니다. 제가 제시한 분류와 기준이 가장 낫다고는 할 수 없겠지만, 실전에서 비교적 간단하게 적용할 수 있다는 장점은 있습니다.

예를 들어 이것저것 생각하기 귀찮은 타입이 있다고 해 봅시다. 직업에 대해 생각하지 말고 우선 공부를 열심히 하자, 성적이 좋으면 선택의 폭도 넓으니까 대학에 진학할 때 생각하기로 하자, 이렇게 생각할 수 있겠지요. 그러나 이런 타입도 결국은 세 가지 기준을 생각하지 않을 수 없습니다. 만약 대학과 전공 선택을 앞두었다면 어떤 기준으로 골라야 할까요? 딱히 특정 분야에 흥미가 없는 경우는 더 막연할 것입니다. "어떤 직업이 유망할까?" "적성에 맞는 직업을 택하라고 하던데 내 적성이 뭔지 잘 모르니 문제네." 이와 같은 고민을 하겠지요. 이런 경우는 보통 사회 통념을 따르게 마련입니다. 부모나 교사의 권유를 따라 전공보다는 대학에 초점

을 맞추기 쉽습니다. 그런데 제가 지금까지 지켜본 바로는 이런 식으로 선택했을 경우 결과는 그다지 행복하지 않았습니다.

이처럼 진로의 갈림길 앞에서 막연할 경우에도 앞의 세 가지 기준을 적용하면 훨씬 더 나은 선택을 할 수 있습니다. 스스로에게 단순하게 물어보십시오.

"나는 돈을 원하는가, 아니면 시간을 원하는가?"

"나는 혼자 일하는 게 좋은가, 아니면 조직 생활을 하는 게 마음이 편한가?"

"나는 안정적 직장을 원하는가, 아니면 모험을 즐기고 싶은가?"

이런 단순한 질문에 예/아니오로 답해 보십시오. 그리고 답으로 나온 세 가지를 연결하면 자신이 원하는 직업의 모습이 윤곽을 드러냅니다. 구체적으로 어떤 직종이 있는가는 좀 더 찾아보면 됩니다.

세 가지를 선택하는 조합은 다음과 같습니다.

	조직	홀로	안정	모험	돈	시간	직업의 예
1	○		○		○		로펌 변호사, 은행원
2	○		○			○	교수, 공무원
3	○			○	○		프랜차이즈 점주
4	○			○		○	영화 제작자, 방송국 피디
5		○	○		○		변호사, 개업의
6		○	○			○	변호사, 개업의
7		○		○	○		통닭집 주인, 비디오 가게 주인
8		○		○		○	낚시용품점 주인, 등산용품점 주인

나에게 맞는 직업을 찾기 위해 직업을 세 가지로 분류해 보았습니다. 그리고 그것을 선택의 기준으로 삼아 가장 단순하지만 효과적으로 자신에게 맞는 직업을 찾는 방법을 제시했습니다.

그럼 이제는 직업을 갖기 위해서 무엇을 준비해야 하는가 구체적으로 알아보겠습니다. 자신에게 맞는 직업을 대충이나마 발견한다 해도 무엇을 준비해야 하는지 알지 못한다면 실제로는 큰 도움이 되지 않을 테니까요.

"제 사촌 형은 스펙이 끝내줘요. 명문대 출신에 학점도 높고, 어학연수는 기본으로 다녀왔고요. 이런저런 공모전에서 상도 몇 개 탔다고 하더라고요. 모두들 형이라면 너끈히 좋은 직장을 얻을 거라고 생각했죠. 그런데 웬걸요. 졸업하고 1년 반이 넘었는데 아직도 취업했다는 소식이 없어요. 형보다 스펙이 떨어지는 친구들은 이미 취업을 했다는데 말이에요. 형이 좀 심심한 사람이긴 해요. 성적 말고 다른 데는 관심도 별로 없는 것 같고요. 혹시 직업을 얻는 데 스펙 말고 더 필요한 게 있나요?"

1. 직업을 위한 준비물

직업 세계로 떠나기 전 챙겨야 하는 다섯 가지

삶은 달걀과 사이다. 초등학교 시절 소풍을 갈 때면 꼭 준비해야 하는 필수품이었습니다. 삶은 달걀과 사이다가 빠지면 소풍이 아닌 듯한 생각이 들 정도였지요. 소금에 찍은 삶은 달걀을 베어 물고, 사이다를 한 모금 들이켜 멘 목을 뚫어 주면 "아, 소풍이구나!" 하고 실감했습니다.

무엇인가를 하려면 준비가 필요합니다. 시험을 보려면 미리 시험 공부를 해야 하고, 집을 사려면 주택 청약 저축에 들고 돈을 모아야 합니다. 외국 여행을 하려면 여권과 돈, 사전 지식과 함께 자신감을 갖추어야 합니다. 그럼 직업을 갖기 위해서는 무엇이 필요할까요? 무엇을 준비해야 할까요? 소풍 갈 때 챙겨야 하는 삶은 달걀과 사이다와는 차원이 다른 준비가 필요하겠지요.

세상은 점점 더 빠르게 변하고, 사람의 수명은 늘어나고 있습니

다. 일생에 적어도 세 번 이상 직업을 바꾸어야 하는 상황이라 직업 준비는 더욱 간단치 않습니다. 한 가지 직업을 구하기 위해서도 오랫동안 교육을 받아야 하고 많은 시행착오를 겪는데, 여러 번 전직해야 한다면 도대체 어떻게 준비를 해야 할까요? 요즘 인문학 강좌가 직업 교육에서 인기를 끌고 있는 것도 이와 무관하지 않아 보입니다. 직업 준비를 하다 보면 "도대체 나는 누구인가? 무엇이 기본적인 것인가?" 하는 질문이 자연스럽게 나오기 때문입니다. 기본적인 것이라면 변화가 생겨도 견딜 수 있는 까닭에 위기가 다가와도 힘이 될 수 있기 때문입니다.

저는 직업을 준비하는 데 크게 세 가지가 필요하다고 생각합니다. 지식, 체력, 매력이 그것입니다. 그러나 이것만으로 부족하고, 여기에 검소한 생활과 가난한 마음으로 살아가는 태도까지 갖추어야 한다고 여깁니다. 지식, 체력, 매력, 그리고 태도를 합하여 용량이라 부를 수 있겠습니다. 그럼, 이제부터 이것들을 하나하나 짚어 가며 설명하겠습니다.

2. 지식이 있어야 일한다

뭘 알아야 일을 할 게 아닙니까? 그러니 일을 하는 데 반드시 필요한 능력으로 지식을 꼽지 않을 수 없습니다. 단순 노동 같은 경우는 지식이 필요하지 않을 거라고요? 그렇지 않습니다. 흔히들 환경미화원을 단순 노동의 대표적인 예로 여깁니다. 그런데 청소를 하는 데도 많은 지식이 필요합니다. 어떤 방식으로 청소해야 효율적인지, 쓰레기는 종류에 따라 어떻게 처리해야 하는지, 청소용품은 어떤 것이 편리한지 등등을 훤히 알아야 일을 잘할 수 있습니다. 게다가 환경미화원의 일이 단순히 쓰레기를 치우는 데만 그치는 것이 아닙니다. 주민들과 부딪히는 일이 잦으므로 동네 사정도 알아야 하고, 사람들과 지내는 법도 익혀야 합니다. 세상의 모든 일은 자세히 들여다보면 나름대로 복잡하고, 알아야 할 것들이 꽤 많은 법입니다.

동네에서 구멍가게를 하더라도 마찬가지입니다. 잡다한 물건들

을 취급하므로 무엇을 얼마에 파는지 일일이 외우는 것도 쉽지 않습니다. 장부도 정리해야 하고, 세금도 내야 하고, 주변의 상황 변화에도 대처해야 하며, 억지 부리는 손님도 다룰 줄 알아야 합니다. 필요한 만큼 알아야 그 일을 해낼 수 있습니다. 대기업에 입사하거나 공무원 시험에 합격하려면 엄청난 지식을 익혀야 합니다. 의사와 변호사 같은 전문직 자리를 얻기 위해서도 마찬가지라는 것은 새삼 말할 필요가 없을 것입니다.

쉬워 보이는 일부터 어려워 보이는 일까지, 어느 직업에나 지식이 필요합니다. 그리고 이 지식은 크게 네 가지로 나눌 수 있습니다. 실용적 지식, 정보, 전문 지식, 교양이 그것입니다. 이들을 하나하나 살펴보겠습니다.

(1) 한국어와 영어는 필수 실용적 지식

한국어라고 만만하게 보면 안 된다

먹고사는 데 직접적인 영향을 끼치는 것이 바로 실용적 지식입니다. 실용적 지식이 정보와 다른 점은 새로운 사실을 알려 주지는 않으면서 내장되어 있다는 것입니다. 실용적 지식은 도구와 같아서 없거나 낡으면 무척 불편합니다. 10킬로미터를 걸어야 하는데 운동화가 없다면 무척 불편할 것입니다. 등산을 할 때 방풍·방수 기능이 있는 재킷이 없으면 퍽 고생합니다.

직업을 위한 실용적 지식에는 크게 두 가지가 있습니다. 하나는 영어이고, 다른 하나는 한국어입니다. 영어는 그렇다 쳐도 한국어가 왜 실용적 지식이냐고요? 제가 말하는 한국어란 글쓰기와 말하기 능력을 가리킵니다. 사회생활을 위해서, 더 좁게 말하자면 일을 하기 위해서는 글을 쓸 줄 알아야 하고 말을 할 줄 알아야 합니다. 이런 말은 너무 당연해서 하찮게 느껴질 수도 있을 것입니다. 그러나 조금만 생각해 보십시오. 한국어를 모국어로 하는 사람 가운데도 필요할 때 말을 잘하지 못하고, 필요할 때 글을 잘 쓰지 못하는 사람이 허다합니다.

우리는 태어나면서부터 한국어를 배웁니다. 먼저 듣기와 말하기를 익히고, 초등학교에 들어갈 무렵에는 읽기, 쓰기를 배우기 시작합니다. 그 뒤로도 대학 졸업 때까지 줄기차게, 학교도 모자라 학원, 과외까지 하면서 국어나 작문을 배웁니다. 하지만 막상 짧은 글 하나라도 쓰려면 제대로 쓰기 쉽지 않습니다. 남에게 설명해야 하거나 자신의 입장을 밝혀야 하는 경우에도 난처하기는 마찬가지지요. 학교에서 공부는 많이 하지만 실제 잘 써먹기는 힘들다는 뜻입니다. 회사에서 보고서 한 장 쓰는 일도 힘겨워하는 사람들이 많습니다. 따라서 실용적 지식으로서 말하기와 글쓰기를 반드

시 익혀두어야 합니다. 한국어라고 해서 가볍게 보고 실용적 지식을 따로 준비하지 않으면 일하는 데 큰 어려움을 겪을 것입니다.

　실용적 글쓰기와 말하기는 문학적 글이 아니기에 훈련만 쌓으면 누구나 잘할 수 있습니다. 글 쓰는 재주가 필요한 것이 아니라, 논증을 중심으로 자신의 주장을 어떻게 전개하는가를 연습하면 됩니다. 먹고사는 데 없어서는 안 되는 말하기와 글쓰기는 절대 소홀히 해서는 안 됩니다. 어떤 일을 하든지 사람과 접촉하지 않을 수 없으며, 그때 자신의 주장이나 의견을 말이나 글로 전달해야 하기 때문입니다. 따라서 교과 성적에만 매이지 말고, 시간을 갖고 끈기 있게 글쓰기와 말하기를 연습해야 합니다. 소설이나 시 따위를 쓰라는 것이 아닙니다. 자신의 주장을 어떤 근거를 가지고, 어떻게 논리적으로 전개할 것인가를 언제나 고민하면 됩니다. 하찮아 보이는 주제라도 괜찮습니다. 글쓰기와 말하기의 핵심에는 논증이 있는데, 요즘은 논증을 중심으로 한 글쓰기, 말하기 책이 많이 출간되고 있습니다. 따라서 관심을 가지고 꾸준히만 한다면 누구나 책을 통해 글쓰기, 말하기를 익힐 수 있을 것입니다.

　물론 이것은 생각보다 쉽지 않은 일입니다. 세상에는 실용적인 글을 잘 쓰는 사람이 의외로 적습니다. 다시 말하자면 그것은 많은 노력을 기울여야만 이룰 수 있다는 것을 뜻합니다. 학벌 좋고, 높은 자리에 오른 사람 가운데 보고서 한 장도 제대로 못 쓰는 이들이 무척 많습니다. 학교와 학원, 과외에서 아무리 많은 시간을 들여 국어나 작문을 배운다 하더라도 결국 글쓰기를 습득하는 일은 혼자서 하는 외로운 작업입니다. 긴 시간에 걸친 꾸준한 노력이 있어야 합니다. 막연한 글쓰기에서 벗어나 논증을 중심으로 하는 실용적 글쓰기와 말하기를 익혀 두어야 일 잘하는 사람이 될 수 있습니다. 영어를 배우는 데 들이는 노력과 시간만큼 투자해야 합니다. 방법도 거의 같다고 할 수 있습니다. 방법은 영어 공부에서 말하겠습니다만, 한국어로 글쓰고 말하기를 잘하려면 영어만큼, 아니 그 이상 노력을 해야 한다는 것을 잊어서는 안 됩니다.

영어는 기회를 잡게 해 준다

두 번째 실용적 지식은 영어입니다. 지금 사회에서는 영어를 못하면 살기 불편합니다. 길거리에서 외국인이 길을 물어볼 때 답을 못하므로 곤란하다는 뜻이 아닙니다. 한국에서 영어로 물어보는 사람이 예의가 없는 것이지요. 그런 경우에는 영어를 못한다면 한국어로 알려 주면 그만입니다. 그런 일로 부끄러워할 것은 전혀 없습니다. 영어가 필요하다고 강조하는 것은, 일을 하다 보면 외국인과 비즈니스를 할 일이 생기거나, 영어로 된 책이나 팸플릿을 직접 읽어야 할 일이 생기기 때문입니다. 물론 평생 영어를 쓸 일이 없는 사람도 많을 것입니다. 하지만 국제화 시대에 영어를 못한다면 자신감이 줄어들 뿐 아니라, 실제로 기회가 생겨도 잡지 못할 가능성이 매우 높습니다. 따라서 필요한 도구를 미리 챙겨 두듯이 영어를 준비해야 합니다.

한국에서 영어를 잘하기로 손꼽히는 사람이 있습니다. 1970년대 미국 국회 청문회에 나가 의원들을 상대로 영어로 논쟁을 벌였던 인물입니다. 이 사람은 육사 출신인데, 육사에 들어갈 당시만 하더라도 영어 시험에서 영점을 받았다고 합니다. 하지만 면접에서 앞으로 영어 공부를 열심히 하겠다는 다짐을 한 뒤 입학에 성공했습니다. 그리고 실제로 열심히 공부해 영어 실력을 키웠습니다. 지금처럼 영어 조기 교육을 받은 것도 아니고, 육사에 들어가기 전까지는 영어를 배운 적도 없었지만 닥치는 대로 열심히 한 결과 영어에 통달하게 된 것입니다. 조기 교육, 영어로 말하기, 해외 연수가 없으면 영어를 못할 것처럼 생각하고, 그런 것들이 뒷받침되지 않으면 영어를 못해도 별로 미안한 마음이 없는 요즘과는 달라도 한참 다르지요.

공부하는 방식도 예전과 요즘은 천지차이입니다. 예전에는 교재도 변변치 않았고 영어를 쓰는 외국인을 만나는 일도 아주 드물었습니다. 그래서 사람들은 무식한 방법으로 영어를 익혔습니다. 사전이나 문법책을 통째로 외우는 사람도 있었고, 닥치는 대로 영어책을 읽는 사람도 있었습니다. 방법은 무식했지만 열정은 대단

했지요. 외국인과 만날 기회가 거의 없었고 테이프나 시디를 구하기도 어려웠기에 대개 문법 공부에 치우쳤습니다. 그래서 문법은 강했지만 그에 반해 회화는 대단히 약했습니다. 실제로 외국인을 만나면 영어로 원활하게 대화 나누기 힘들었습니다.

이런 일도 있었다고 전해집니다. 미국으로 유학을 간 학생이 교통사고를 당했답니다. 옆에 있던 미국인이 놀라서 "How are you?"라고 묻자 유학생이 책에서 배운 대로 이렇게 답했다지요. "I'm fine. And you?"

이렇게 어처구니없는 실수를 저지르기는 했어도, 원서 독해에는 뛰어났던 게 예전의 유학생들이었습니다. 지금은 놀랄 정도로 영어 교육 환경이 좋아졌지만 오히려 예전보다 원서를 읽지 못합니다. 대학에서도 마찬가지입니다. 1970년대 대학에서는 학부에서도 영어 원서를 교재로 쓰는 것이 당연한 일이었으나, 지금은 대학원에서조차 원서 강의가 힘듭니다. 말을 좀 한다고 해서 영어를 하는 것은 아닙니다. 필요한 만큼 정확히 읽을 수 있어야 하고, 또 필요한 만큼 정확히 쓰고 말할 수 있어야 합니다. 영어 공부에서 가장 중요한 것은 환경이 아니라 본인의 의지와 노력입니다.

1990년대 '탁구 마녀'라고 불리며 세계 여자 탁구계를 휩쓴 선수가 있습니다. 덩야핑이라는 중국 선수로, 열여섯 번이나 세계 챔피언에 올랐습니다. 덩야핑은 1997년에 은퇴한 뒤 대학에 진학했

는데, 당시에는 영어의 알파벳도 몰랐다고 합니다. 그러나 하루 14시간씩 영어 공부에 매달려 마침내 영국 케임브리지 대학에서 경제학 박사학위를 얻기에 이르렀습니다. 얼마나 공부에 몰두했는지, 스트레스에 시달려 머리카락이 심하게 빠졌을 정도였답니다. 덩야핑은 "초인적인 노력 없이는 초인적인 성과도 나오지 않는다. 이것이 내가 오랜 세월 동안 경기를 하면서 절실하게 느낀 교훈"이라고 말했습니다. 덩야핑 같은 사람도 있는데 공부할 환경이 안 돼서, 나이가 많아서 같은 핑계를 대기는 부끄러운 일이지요.

영어 실력을 키우는 효과적 방법

몰두하는 것이 가장 좋은 방법이긴 하지만, 그에 못지않게 좋은 영어 공부 방법을 소개해 보겠습니다.

한 가지는 외국인을 활용하는 것입니다. 활용이라는 말이 조금 이상하게 들릴 수도 있겠지만, 여기에서는 좋은 의미의 활용입니다. 대학에 가면 외국인 교수를 만날 기회가 많이 생깁니다. 외국인 교수에게 직접 영어를 배울 기회도 있고, 그 밖에도 캠퍼스 안에는 외국인 교수가 많습니다. 그럼 이들을 어떻게 활용할까요?

먼저 공식 면담 시간을 이용해 보십시오. 교수 연구실 문에는 학생 면담 시간이 붙어 있습니다. 이 시간을 확인하고 몇몇 교수를 정해서 그 시간에 찾아가는 것입니다. 가서 내가 누구이며 왜 왔는지를 설명하면 보통은 응해 줄 것입니다. 그리고 매주 짧은 에세이를 한 편 써 올 테니 교정을 해 달라고 부탁합니다. 이런 부탁을 여러 교수에게 한다면 거의 매일 짧은 영어 에세이를 쓸 계기가 마련됩니다. 또 찾아가서는 영어로 대화하게 되니 말하기와 듣기가 절로 익혀지겠지요. 미안한 마음을 가질 필요는 전혀 없습니다. 이러한 비용이 다 비싼 등록금에 포함되어 있으니까요. 문제는 찾아갈 정도의 배짱과 용기, 영어를 배우겠다는 열정이 있느냐는 것입니다. 그것만 있다면 이것은 아주 효과적인 방법입니다.

그렇다면 대학에 들어가기 전에는 어떻게 하는 게 좋을까요? 학교에서 하는 영어 공부는 무조건 열심히 하는 게 좋습니다. 이래라저래라 말이 많지만, 영어 공부에는 왕도가 없습니다. 아무거나 열심히 하면 다 도움이 됩니다. 학교 밖에 특별한 것이 있겠지 하는 생각은 버리고 학교 영어에 신경을 쓰는 게 현명한 길입니다. 그러고 나서 할 수 있는 효율적인 방법을 소개하겠습니다.

첫째는 외국인 교수와 이메일을 주고받는 것입니다. 외국인, 그것도 대학교수와 이메일을 주고받는 것이 힘들지 않겠냐고요? 그렇지 않습니다. 먼저, 이메일 주소는 대학교 홈페이지를 통해 손쉽게 얻을 수 있습니다. 그리고 이메일을 보내면 됩니다. 이메일을 보낼 때는 자기소개를 할 수밖에 없고, 그러는 가운데 자연스럽게 영작을 익힙니다. 작문의 수준은 걱정하지 않아도 됩니다. 중고생

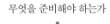

이라면 엉망일 가능성이 높고, 상대방도 크게 개의치 않습니다. 그러니 오히려 마음 편하게 쓸 수 있지요. 이렇게 꾸준히 자신에 대해 써 보낸다면 외국인들은 보통 답장을 해 줍니다. 이러다 보면 자신도 모르게 영어로 글쓰기에 익숙해집니다. 이메일을 보낼 때 쓰는 글은 길지 않습니다. 그저 메모처럼 가볍게 생각하고 쓰는 게 좋습니다. 중요한 점은 꾸준히 하는 것입니다.

둘째는 원서를 읽는 것입니다. 중고생이 영어 원서를 읽다니, 어림도 없다고요? 하지만 생각해 보세요. 영어 교과서는 당연히 영어로 되어 있고, 영어 참고서나 문제집에도 영어 문장이 나옵니다. 그런데 영어 소설책이라고 읽지 말아야 할 이유가 있나요? 문제는 영어책과 영어 공부를 따로따로 생각하는 데 있습니다. 왜 영어 공부를 합니까? 영어책 읽고 영어로 글 쓰고 영어로 말하기 위해서 아닌가요? 그렇다면 자기 수준에 맞는 영어책을 읽는 것은 당연한 일입니다. 중학생이면 중학생 수준에 맞는 영어책을 읽으면 되고, 고등학생이면 고등학교 수준에 맞는 영어책을 읽으면 됩니다.

요즘에는 옛날과 달리 영어책 구하기가 무척 쉽습니다. 영어 전문 서점도 많고, 인터넷을 통해 주문할 수도 있지요. 일주일에 하루 정도는 아무리 짧은 시간이라도 내서 영어책을 읽으십시오. 소설이든 실용서든, 영어 원서 한 권을 다 읽으면 영어의 분위기에 젖어들게 됩니다. 바로 이 점이 중요합니다. 영어의 분위기에 젖어

들어 영어를 친숙하게 느끼고, 영어 표현이 자기 것으로 되는 것 말입니다. 알게 모르게 자기 것이 되어야 필요할 때 써먹을 수 있습니다. 학과 공부의 영어는 시험에는 도움이 되지만 막상 써먹으려면 별 도움이 안 됩니다.

영어책을 읽을 때 주의할 점은 우선 첫 책을 끝까지 읽어 내는 것입니다. 아무리 내용이 어렵지 않고 책이 얇더라도 첫 책을 끝까지 다 읽는다는 것은 매우 힘듭니다. 따라서 인내심을 가져야 합니다. 그렇게 한 권을 읽고 나면 그 다음부터는 훨씬 수월해집니다. 제 경험으로는 첫 번째 책의 반 정도의 수고만으로 다음 책을 읽을 수 있었습니다. 잘 모르는 부분이 나오더라도 끝까지 읽어야 합니다. 모르는 부분이 나오면 고민을 좀 해 보고, 그래도 안 풀리면 그냥 통과하십시오. 다 읽은 뒤 그 부분을 다시 읽어 보면 의외로 쉽게 해결이 될 것입니다. 의미는 전체의 문맥 속에 있기 때문이지요. 그래도 잘 모르겠다면? 그때는 선생님께 여쭤 보세요.

점수보다 실력이다

영어 공부를 하면서 학교 시험 성적이나 토플, 토익 점수에 집착하면 안 됩니다. 시험이란 자신의 수준을 평가하려고 스스로 택하는 수단일 뿐, 그 자체가 목적이 아닙니다. 영어를 배우는 목적은 외국인과 소통하는 데 있지, 토플 몇 점 이상을 받는 데 있지 않

습니다. 실제로 토익, 토플 성적이 아주 우수한데도 영어를 못하는 사람이 많습니다.

한 언론사에 아주 우수한 영어 성적으로 입사한 기자가 국제부로 발령을 받았습니다. 이 기자가 외신을 번역했는데, 오역은 아니었지만 어딘가 이상했답니다. 이 기사가 어떤 맥락에서 나온 것인지, 그리고 기사가 지금 의미하는 바가 무엇인지를 모르고 옮긴 것이었습니다. 다 맞게 번역했으나 의미가 명확하지 않은 글이 된 셈이지요. 이런 일은 영어가 도구이자 수단이라는 것을 망각하고 영어 시험 성적 자체를 목표로 삼았기에 일어난 일입니다. 성적이 좋지 않더라도 실제로 영어를 잘하면 그만입니다. 즉, 점수보다 실력입니다. 실력을 키우려면 스스로 글을 쓰고, 스스로 영어책을 읽어야 합니다.

(2) 정보의 바다에서 헤매지 말자

정보를 얻는 데도 요령이 필요하다

일을 하려면 정보가 필요합니다. 예를 들어, 사업을 하다 보면 접대할 일이 생깁니다. 때로는 접대가 일의 성사를 결정지을 수도 있으므로 신경이 쓰일 수밖에 없습니다. 그런데 마땅한 식당을 잘

모를 경우가 자주 생깁니다. 자신이 아는 지역이 아니라면 더더욱 그렇지요. 이런 경우 '정보'가 필요합니다.

보통은 인터넷 검색을 해 보지만 신뢰도가 높지 않습니다. 인터넷 검색으로 얻을 수 있는 정보는 접근하기는 쉽지만 깊이는 떨어지는 경향이 있습니다. 그러면 어떻게 해야 할까요? 가장 손쉬운 방법은 아는 사람에게 물어보는 것입니다. 아는 사람들의 분야별 정보 수집 능력과 신뢰도는 경험으로 알고 있기에 의존도가 상당히 높은 편입니다. 즉, 아는 사람이 전해 준 정보는 쉽게 믿는 경향이 있습니다. 사람들이 정보를 얻는 통로는 의외로 한정되어 있습니다. 대개 인터넷 아니면 아는 사람을 통한 것입니다. 인터넷과 아는 사람을 활용하는 데도 기술이 필요합니다.

인터넷이 제공하는 정보가 대체로 얄팍하고 믿음직스러워 보이지 않기는 하지만, 활용하는 사람의 숙련도에 따라 전혀 다른 모습을 띱니다. 즉, 검색을 아주 잘하는 사람이 있는가 하면, 한번 훑는 정도에 그치는 사람도 있습니다. 간단한 예를 들어 볼까요?

서울 쌍문역에서 경기도 운길산으로 산행을 가려고 합니다. 전철이 지난다는 말을 듣고 전철 노선을 검색하기로 했습니다. 그래서 중앙선 운길산역에서 내리면 된다는 것을 알게 되었다고 합시다. 그 다음에는 갈아탈 역을 확인하고 소요 시간을 알아봅니다. 아, 대충 77분 걸리는구나. 이 정도에서 그칠 수도 있으나, 어떤 이

들은 한 걸음 더 나아갑니다. 즉, 운행 시간을 살펴서 쓸데없이 기다리는 시간을 줄이는 것이지요. 이 노선은 휴일이면 한 시간에 두 번밖에 다니지 않으므로 운행 시간 확인은 중요합니다. 그런데 여기서 한 걸음 더 나아갈 수도 있습니다. 바로 환승 정보입니다. 환승역이 어디인지뿐만 아니라, 몇 번째 객차에 타야 갈아탈 때 조금 걷고 편리한지도 알아볼 수 있습니다. 쌍문역에서 운길산역까지 가려면 두 번 환승해야 하는데, 창동역에서는 4호선 일곱번 째칸 셋째 문이 좋고, 회기역에서는 1호선 두 번째 칸 둘째 문이 좋다는 정보까지 인터넷 검색으로 알 수 있습니다. 환승 통로가 길고 복잡한 경우 특히 도움이 되는 정보이지요. 찬찬히 살펴보면 더 유용한 정보도 많이 얻을 수 있습니다.

교통, 식당, 여행 등 생활 정보만 인터넷에서 얻을 수 있는 것은 물론 아닙니다. 인터넷의 특성상 전 세계를 상대로 정보를 얻을 수 있습니다. 예를 들어, 역사 문제에 대해 알고 싶을 때 사이트 하나만 잘 선택하면 그 다음은 일사천리로 뻗어갈 수 있습니다. 역사비평사라는 출판사의 사이트에 들어가면 메뉴에 '관련 사이트'가 있습니다. 그것을 클릭하면 역사와 관련된 사이트가 일목요연하게 정리되어 있을 뿐 아니라, 클릭 한 번으로 바로 연결할 수 있습니다. 국내뿐 아니라 해외 사이트도 소개되어 있어 손쉽게 정보를 얻을 수 있습니다.

좀 더 구체적으로 볼까요? '도서관·서지 검색'을 보면 국가전자도서관, 국사편찬위원회, KHC역사서지검색, 규장각, 디지털한국학, 조선일보기사DB, LG상남언론재단, 도서문화연구소 등이 소개되어 있습니다. 이 가운데 국가전자도서관 소개를 보면 '국립중앙도서관, 국회도서관, 법원도서관, 산업기술정보원, 한국교육학술정보원, KAIST과학도서관 등으로 직접 연결되는 통합 웹사이트'라고 되어 있습니다. 이 사이트를 통하면 웬만한 학술 정보는 얻을 수 있는 셈입니다.

또 해외 사이트로는 미국립문서기록청, 일본국회도서관, 일본국립정보연구소, 도쿄대학교부속도서관, 조선사연구회 등이 소개되어 있습니다. 이 정도면 역사뿐 아니라 다른 분야의 정보도 충분히 얻을 수 있을 것입니다.

필요한 정보는 분야를 가리지 않습니다. 일을 하다 보면 종종 생각지도 못한 분야의 정보가 필요할 때가 있어서 더욱 실감 납니다. 꽃집을 운영하는 사람은 카메라와 별 관련이 없어 보이지만 카메라에 대한 정보가 절실해지는 경우가 있습니다. 개인 블로그를 만들어 꽃 사진을 올려 광고에 사용하는 경우를 들 수 있겠지요. 전문 사진가에게 맡기자니 돈이 많이 들기에 자신이 직접 찍는 방법을 택합니다. 이런 경우 쓰임새, 가격 등이 적당한 카메라에 대한 정보가 필요하지요.

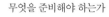

저는 물건을 살 때 개인 블로그를 유심히 살피는 편입니다. 개인 블로그는 애정으로 만든 공간이기에 믿음이 가고 정보가 구체적이기 때문입니다. 꽃집에서 쓸 카메라의 경우도 개인 블로그에서라면 꽤 좋은 정보를 얻을 수 있을 것입니다. 같은 처지에 놓인 사람이 꾸민 블로그를 찾으면 자기에게 딱 맞는 정보를 얻기 쉬우니까요. 생각보다 훨씬 다양한 블로그가 있어서 조금만 애를 쓰면 자기에게 맞는 정보를 찾을 수 있을 것입니다.

정보는 수시로 변한다

그런데 정보는 유효 기간이 있다는 특징이 있습니다. 즉, 정보는 수시로 변경됩니다. 쌍문역에서 운길산역까지 가는 전철의 경우, 다른 노선이 생기면 환승역이 바뀔 것입니다. 그리고 새 도로가 개통된다면 전철보다 버스가 더 빠르고 편할 수도 있을 테지요. 옛날 신문을 보려면 예전에는 도서관에 가야 했습니다. 그러다가 각 신문사 사이트에서 검색할 수 있게 되었고, 지금은 포털 사이트에서 손쉽게 옛날 신문을 볼 수 있습니다. 이처럼 검색의 경로도 수시로 바뀝니다. 물건은 말할 것도 없습니다. 새로운 상품이 끊임없이 나오므로 물건에 대한 정보는 조금만 방심하면 쓸모없는 옛 정보가 되고 맙니다.

정보는 내비게이션과 같은 것입니다. 내비게이션은 계속 최신

판으로 업데이트해야 유용합니다. 또 아무리 내비게이션을 연구해도 내비게이션에 나오는 건물에 대해서는 알 수가 없습니다. 그 건물이 어디에 있는지는 알려 주지만, 그 건물이 어떤 건물이고 나에게 무엇인지를 알려 주지는 않는다는 뜻입니다. 하지만 그 건물이 어디에 있는지를 알아야 찾아갈 수 있기에 꼭 필요하지요.

정보도 이와 같습니다. 꼭 필요하기는 하지만 우리에게 내용까지 알려 주지는 않습니다. 단지 무엇이 어디에 있는지 알려 주는 것뿐입니다. 그렇다고 해서 정보의 가치가 떨어지는 것은 아닙니다. 어디에 무엇이 있는지 알지 못한다면 그것에 대해 알 수 없기 때문이지요. 하지만 유의해야 할 점은 아무리 정보를 많이 가지고 있다 해도 그것은 정보일 뿐 지식이 아니라는 점입니다.

정보는 쌓여서 새로운 것을 만들어 내지 못합니다. 새 정보가 옛 정보를 재빨리 밀어내기 때문에 그때 쓰고 나면 그만입니다. 따라서 준비해야 할 것은 정보 자체를 습득하는 것이 아니라 정보를 처리하는 과정입니다. 필요한 정보가 무엇인지 파악하고, 그 정보를 어떤 경로로 얻을 수 있는지 알아 두고 익혀 두는 것을 준비해야 합니다.

그런데 정보는 획득 과정과 접근하는 길이 수시로 바뀝니다. 다시 말해서, 정보를 획득하는 방법 자체도 하나의 정보여서 언제든 바뀔 수 있습니다. 사정이 이러므로 언제나 새로운 정보를 얻기 위

한 노력을 멈추면 안 됩니다. 왜냐하면 새로운 정보에 대한 더듬이를 계속 세우고 있어야 자연스럽게 취득 방법도 알 수 있기 때문입니다. 정보의 바다에서 헤매지 않으려면 스스로 길을 찾아야 합니다. 시행착오를 두려워하지 않고 계속 하다 보면 자신만의 방법을 얻을 것입니다.

우리는 아는 사람을 통해서도 많은 정보를 얻습니다. 아는 사람이란 막연한 개념입니다. 친구가 아는 사람도 이런 경우에는 아는 사람에 속합니다.

커피에 관심이 있다고 해 봅시다. 어떤 커피를 어디에서 사고 어떻게 끓여야 맛있는지 알고 싶다면 우선 인터넷을 뒤질 수 있겠지요. 앞서 말한 대로 개인 블로그가 도움이 될 수 있습니다. 하지만 다른 방법도 있습니다. 직접 전문가나 마니아에게 물어보는 것입니다. 커피에 대해 잘 아는 사람에게 직접 묻는다면 인터넷에서는 얻기 힘든 구체적인 것들까지 알 수 있을 것입니다. 아무래도 직접 목소리를 들으며 배우는 것이 효과가 있고, 모르는 것을 바로 질문할 수도 있어서 장점이 많지요.

그런데 문제는 과연 주변에 커피에 대해 잘 아는 사람이 있느냐는 것입니다. 운이 좋으면 친구나 주변 사람 중에 커피 전문가가 있을 수 있겠지요. 운이 나쁘면? 운이 나쁘다 해도 실망할 필요는 전혀 없습니다. 주변 사람들 중에는 없을지 몰라도 주변 사람들이 아는 사람 중에는 있을 수 있으니까요. 예닐곱 명만 거치면 세계의 모든 사람과 연결될 수 있다는 주장이 있을 정도로, 우리의 인간관계는 꽤 촘촘합니다. 쉽게 말하자면 여러분의 아는 사람의 아는 사람의 아는 사람은 커피에 대해 잘 알고 있습니다. 그러니 실망하지 말고 인내심을 갖고 연결을 부탁해 보세요. 두세 다리만 거치면 웬만한 전문가나 마니아를 만날 수 있습니다.

고급 정보가 적절한 판단을 이끈다

정보를 얻는 목적은 무엇일까요? 왜 정보에 접근하는 방법을 평소에 익혀 두어야 할까요? 그것은 판단을 내리는 데 기초 자료가 되기 때문입니다. 주식에서 가장 중요한 것은 정보입니다. 다른 사람보다 먼저 정확한 정보를 얻는다면 돈을 벌 수 있습니다. 회사에서도 회사가 돌아가는 사정에 대한 정보가 있다면 일하기가 훨씬 수월할 것입니다.

사람들은 일을 하면서 여러 가지 판단을 내려야만 합니다. 적절한 판단을 위해서는 여러 가지가 필요하겠지만, 우선은 기초 자료가 되는 정보가 있어야 판단을 시작할 수 있습니다. 아무런 정보가 없는 상태에서 판단 내리는 일은 무모합니다. 빠르고 정확하며, 관련성 높은 정보를 많이 갖고 있을수록 적절한 판단을 내리기에 유리합니다.

많은 사람들이 정보의 중요성을 강조하지만, 정보를 효과적으로 수집하고 처리하는 사람이 많아 보이지는 않습니다. 어느 사이트에 가면 쿠폰을 얻을 수 있다는 정보에서 시작해도 좋습니다. 문제는 시간이 지나면 필요한 정보의 종류와 깊이도 변한다는 것을 미리 염두에 두고 정보 처리 과정을 습득하는 것입니다.

하지만 정보만으로는 부족합니다. 그 다음 단계인 지식이 있어야 정보도 빛을 발합니다.

(3) 뭐니 뭐니 해도 전문 지식

일의 기본은 전문 지식이다

잡학에 능한 사람이 종종 있습니다. 한마디로 모르는 게 없는 사람이지요. 스포츠, 영화, 음악, 미술 등에도 해박할 뿐 아니라 제철 음식으로는 무엇이 있는지, 어디에서 무엇을 먹어야 맛있고 싼지까지 꿰고 있습니다. 야구 선수 타율까지 줄줄 대는 것을 듣고 있으면 입이 딱 벌어질 지경입니다. 이런 사람은 인기가 좋습니다. 별의별 것을 다 알고 있고 물어보면 곧바로 답이 나오니 인기가 좋지 않을 수 없지요. 같이 놀고 시간 보내는 데는 딱 좋은 유형입니다. 하지만 직업과 관련해서까지 반드시 좋다고는 할 수 없습니다.

왜냐하면 일을 하려면 뭐니 뭐니 해도 전문 지식이 있어야 하기 때문입니다.

아무리 잡학에 능하더라도 자기 직업에 대한 전문 지식이 없다면 일에서는 쓸모가 없습니다. 회계 장부를 볼 줄 알아야 경리를 할 것 아닙니까. 자동차 엔진을 알아야 엔진 설계를 하든 수리를 하든 할 것 아닙니까. 일어를 잘해야 일본 상대 무역 회사에 취직할 수 있지 않겠습니까.

전문 지식이 있어야 일을 잘할 수 있다는 평범한 사실을 새삼스럽게 꺼내는 데는 이유가 있습니다. 요즘 전문 지식의 중요성이 소홀히 취급되고 있기 때문입니다. 요즘은 직업을 가지려면 여러 가지 요구 사항이 있다고 생각하는 것 같습니다. 영어 점수, 해외 연수, 인턴 경험, 사회 봉사 실적, 학벌, 개인기, 게다가 인간관계까지. 대학 성적도 빠지지 않습니다.

여기에서 두 가지를 주목해 봅시다. 한 가지는 취업에서 전문 지식이 중심이 아니라 여러 조건 중 하나에 그치고 있다는 점입니다. 하도 영어가 강조되고 너도 나도 해외 연수를 다녀오며, 취업이 힘들어 인턴을 하는 경우가 늘어나는 바람에 소위 전공이라는 것이 자연스럽게 중심에서 밀려난 듯합니다. 게다가 요즘은 지식보다는 감성과 인간성을 강조하는 추세여서 전공은 어느 정도만 되면 괜찮다고 생각하는 것 같습니다.

무엇을 준비해야 하는가
•

하지만 이는 착각입니다. 앞서 말한 것처럼 다른 것 다 잘해도 일에 대한 전문 지식이 없으면 소용없기 때문입니다. 전문 지식을 기본으로 갖춘 뒤 다른 것들도 갖추고 있다면 같은 값이면 다홍치마라고 우선권이 주어진다는 의미로 해석해야 합니다. 조선 회사에 취직하려면 우선은 배에 대해 잘 알고 기술이 있어야 합니다.

요즘처럼 일이 전문화되고 세분화된 적이 없다고 말합니다. 그럴수록 전문 지식 없이는 일을 할 수 없습니다. 예전에는 별 기술이 없어도 회사에 들어가면 일을 배워 가면서 할 수도 있었지만, 지금은 그렇게 한가한 시대가 아닙니다. 하나를 알아도 제대로 알아야 하는 시대입니다. 따라서 일을 하려면 우선 전문 지식을 닦아야 합니다. 영어, 해외 연수, 사회 봉사 등은 그 다음 문제입니다. 변호사가 되고 싶으면 전문 교육을 받아 변호사 시험에 붙어야 하고, 동대문에서 가게를 하고 싶으면 시장에서 일하면서 자신만의 노하우를 쌓아야 합니다. 글을 쓰고 싶다면 10년 정도는 글과 씨름해야만 전문가가 될 수 있습니다.

학점과 전문 지식은 별개다

또 한 가지 염두에 두어야 할 점은 학점과 전문 지식을 동일시해서는 안 된다는 것입니다. 학점이 좋다고 해서 반드시 그 분야의 전문 지식이 뛰어나다고 할 수는 없습니다. 학점이 좋다는 것은 성실하다는 뜻입니다. 성실하게 과제를 내고, 성실하게 선생님의 말씀을 따랐다는 것을 의미할 뿐, 지식이 뛰어나다는 것을 뜻하지는 않습니다.

디자인을 전공하는 학생의 경우 학점이 높다 해서 재능이 뛰어나다는 것을 뜻하지 않을 뿐 아니라, 그 분야의 전문 지식이 있다는 것을 나타내지도 않습니다. 소설가에게 학점이 무슨 의미가 있겠습니까. 영어도 마찬가지입니다. 영어 학점이 아주 좋아도 영어를 잘 구사하지 못하는 사람이 흔합니다. 전문 지식이 있다는 것은 학점과 관계없이 해당 분야에 대해 정말 잘 아는 것을 말합니다. 이것은 학벌과도 관계가 없습니다. 어느 대학을 나왔느냐가 아니라 실제로 무엇을 어느 정도 아느냐가 중요합니다.

전문 지식을 쌓으려면 대학, 학과, 학점 따위를 잊어야 합니다. 그런 것들에 기대서 졸업을 하면 어느 정도 전문 지식이 생길 것이라고 생각하면 안 됩니다. 말 그대로 실력이 있어야 합니다. 어느 직종이든 10년이 지나면 더는 학벌이 문제되지 않는다고들 말합니다. 실력이 다른 것들을 누르기 때문이지요. 학벌이나 학점은 출발선에서는 장점으로 작용할 수 있으나, 결국 중요한 것은 실력입니다. 인간관계도 중요하고 운도 따라야겠지만 그래도 직장이나 일에서 기본은 일에 대한 실력, 즉 전문 지식입니다. 직장은 취미 삼아 모여서 노는 동호회가 아닙니다. 치열한 경쟁에서 살아남아

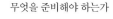

무엇을 준비해야 하는가

야 하는 절박함이 항상 존재하기 때문에 전문 지식으로 무장하지 않으면 살아남을 수 없습니다.

전문 지식을 쌓는 가장 좋은 방법은 전공 분야에 '몰두'하는 것입니다. 학점 관리, 취업에 필요한 스펙 관리와 같은 '관리'로는 곤란합니다. 관리해서 남에게 잘 보이려 하지 말고, 자신이 만족할 때까지 들고파야 합니다. 그래야 실력이 됩니다.

대학에서는 전공에 대한 몰두가 가능하다 할지라도, 중·고등학교 때는 어떻게 해야 할까요? 중·고등학교에서 전문 지식을 쌓는 것이 과연 가능할까요? 물론 직업에 필요한 전문 지식을 쌓기는 어려울 것입니다. 수업 따라가기도 바빠 전문 지식을 쌓을 겨를도 없거니와, 있다고 해도 어떤 분야를 전문 지식으로 할지 결정하지 못한 상태가 대부분이어서 현실적으로 어렵지요. 하지만 대학에 간 뒤에 취업을 위한 스펙에 함몰되어 전문 지식을 소홀히 하면 안 된다는 것을 아는 것으로 충분하다고 생각합니다.

(4) 꾸준히 서서히 쌓아 가는 교양

교양은 남에게 보이기 위한 것이 아니다

언젠가 신문에서 읽은 이야기입니다. 한 사업가가 중요한 계약을 두고 독일인과 만났는데, 의외로 쉽게 계약이 성사되었다고 했습니다. 물론 거래 조건이 잘 맞았으니 계약을 했겠지만, 그 이면에는 뜻밖의 숨은 공신이 있다고 했습니다. 처음 만나 분위기를 부드럽게 하려고 소설가 토마스 만 이야기를 꺼냈는데, 서로 잘 통했다는 것입니다. 사업 이야기보다는 오히려 소설가 이야기를 훨씬 더 많이 하게 되었다지요. 토마스 만을 통해 서로가 친밀감과 신뢰감을 갖게 되었고, 손쉽게 계약에 성공했습니다. 오래전 읽었던 소설이 비즈니스에 이렇게 유용하게 쓰일 줄 누가 알았겠습니까.

어렸을 때 책만 보는 저더러 주위 사람들이 한마디씩 했습니다.

"책 읽어서 어디에 써먹으려고?"

"책 읽으면 밥이 나오냐, 떡이 나오냐?"

하지만 지금 저는 책 읽은 것을 바탕으로 글을 써서 먹고살고 있습니다.

교양이 직업과 연결되는 이야기는 무수히 많습니다. 음악이든 미술이든 스키든 그 무엇이든, 직업의 전문 지식과 관련 없는 것을 통해 직업적으로 혜택을 보는 일은 아주 흔합니다.

교양이란 고상한 척하는 그 무엇이 아닙니다. 클래식 음악을 좋아하지도 않으면서 남들에게 잘 보이려고 열심히 듣거나 듣는 척한다면 그것은 곤란합니다. 엄청나게 비싼 오디오 시스템을 방에 갖추고 무수히 많은 음반을 소유한 사람을 보았습니다. 클래식에

대한 지식도 무척 해박해서 모두들 깜짝 놀라지요. 그런데 왠지 그 사람을 보고 있으면 교양 있다는 생각이 들지 않았습니다. 지식과 장비, 열정 등등이 모두 클래식에 향해 있는데도 왜 그랬을까요? 그것은 아마 진짜가 아니라고 느꼈기 때문일 것입니다. 남들에게 자랑하려고, 아니면 열등감을 숨기려는 행동이라는 생각이 들었기 때문입니다.

교양은 남에게 보이려고 구색을 갖추는 것이 아닙니다. 전문 지식 외에 자신이 진짜로 좋아하는 것을 열심히, 오래 하다 보면 교양이 생기게 마련입니다. 그것이 바로 교양의 특징입니다. 교양이란 누구나 알아야 할 보편적인 지식의 수준이나 정도를 말합니다. 다시 말해서, 교양이란 특정한 지식을 가리키는 것이 아닙니다. "교양인이라면 이것만은 꼭 알아야 한다."라는 말을 곧잘 합니다. 그런데 이것은 교양이 무엇인지 모르고 하는 말입니다. 이런 말이야말로 교양을 치장으로 취급한다는 증거입니다.

교양이 있으면 전직이 쉽다

도자기 배우는 사람을 예로 들어 보겠습니다. 그 사람은 직업이 따로 있으나 도자기를 만들고 싶어서 배우러 다니기 시작했습니다. 처음에는 그냥 도자기 빚는 데만 관심을 쏟지만, 시간이 지나면서 도자기에 글씨도 써넣고 싶고, 그림도 그려 넣고 싶어집니다.

그러면서 붓글씨도 배우고 그림도 배우게 되지요. 흙으로 그릇을 빚는 데서 시작했지만 글씨와 그림으로 발전하고, 나아가 미술이란 무엇인지, 예술이란 무엇인지까지 생각하게 됩니다. 즉, 도자기에서 예술로 나아간 것입니다.

예술은 누구나 관심을 갖는다는 점에서 보편적입니다. 그런데 "예술에 대해 이러저러한 것을 알아야 교양이 있다."라는 말은 아무도 할 수 없습니다. 고흐나 고갱, 김홍도를 알아야 교양이 있는 것이 아닙니다. 예술이 무엇인지를 자신이 아는 수준에서 진솔하게 말할 수 있고, 남의 이야기를 알아들을 수 있을 정도의 수준이라면 교양이 있는 것입니다.

여기에서 중요한 것은 특정 분야의 지식이 아닙니다. 어느 분야가 되었든 알아들을 수 있고 질문할 수 있는 수준을 갖추었느냐가 중요합니다. 어느 분야라도 알아들을 수 있고 질문할 수 있다면, 어떤 사람을 만나도 화제가 떨어지지 않고 재미있게 대화할 수 있을 것입니다. 그런 정도라면 다른 사람들이 매력 있다고 느낄 테고, 일을 하는 데 큰 도움이 되겠지요.

그런데 만나서 비즈니스 외에는 할 말이 없는 사람도 있습니다. 재미없는 사람이라는 인상을 줄 테고, 일을 함께하는 데 불리하게 작용할 수 있습니다. 한편, 남의 이야기를 이해하는 사람은 자유롭다는 인상을 줍니다. 무슨 이야기를 하든, 완전히는 아니더라도 기

본적으로 이해한다는 인상을 주면 편견에서 자유롭다는 느낌을 전해 주어 인간관계에 큰 도움이 됩니다.

게다가 이제는 평생에 여러 번 직업을 바꾸어야 하는 시대이기 때문에 교양이 더욱 중요해질 것입니다. 한 사람의 전문 지식은 보통은 한 가지입니다. 만일 그것이 수명을 다하면 전직하는 데 큰 어려움을 겪겠지요. 회사원으로 퇴직을 하면 새롭게 마땅한 일을 찾기 어렵습니다. 특별한 재주가 없으니까요. 거꾸로 너무 특수한 전문 지식을 갖고 있어도 전직이 어렵기는 마찬가지입니다. 지질학이란 전문 지식을 가지고 직장 생활을 하다 퇴직하면, 도대체 그 다음 직업으로는 무엇이 어울릴까요? 전문 지식이 너무 특수해도, 반대로 너무 평범해도 전직은 어렵습니다.

그러므로 교양을 쌓아야 합니다. 교양의 수준이 높을수록 전직에서 성공할 확률은 높아집니다. 평소 직업과는 별개의 분야에 관심을 두고 교양을 쌓아 왔다면 그 분야에 대해서는 조금만 교육을 받아도 적응할 수 있을 것입니다. 이미 어느 만큼의 지적 수준과 자유로운 마음을 갖고 있기에 어느 분야에 뛰어들어도 적응하여 살아남을 확률이 높습니다. 고용이 점점 불안해지고 있는 이 시대에는 교양을 갖출수록 살아남을 확률이 높아질 것입니다.

교양을 쌓는 데는 시간이 걸린다

책을 많이 읽고 텔레비전의 교양 프로그램을 많이 본다고 해서 교양이 길러지는 것은 아닙니다. 교양을 갖추려면 일정 수준의 지적 능력과 함께 남의 이야기를 들을 수 있는 열린 마음이 필요하기 때문입니다. 지적 능력은 특정한 지식이 아니며, 특정한 지식은 열린 마음을 만들지도 못합니다.

어렸을 때부터 교양이 무엇인지 알고 있는 것만으로도 충분할지 모릅니다. 왜냐하면 교양이 특정 지식이 아니라 일정 수준의 지적 능력과 열린 마음을 뜻하는 것을 알고 있다면 서두르지 않으면서 몸에 배도록 노력할 것이기 때문입니다. 교양은 학원이나 과외를 통해 단기에 속성 재배할 수 없습니다. 교양 있는 사람을 만나는 기회가 필요하고, 스스로 교양인이 되려고 노력하는 마음이 필요합니다. 따라서 교과목 외에 자신이 조금이라도 좋아하고 흥미를 느끼는 분야에 조금씩 시간을 들여야 합니다. 하루아침에 교양이 생길 리 만무합니다. 인내심을 갖고 오랜 시간을 들여야 하는 일입니다.

영화를 좋아하는 사람이 많을 테니 영화를 예로 들어 보겠습니다. 처음에는 보통 영화를 오락거리로 대합니다. 시간을 죽이기 위해서나, 그냥 재미로 봅니다. 그런데 볼수록 재미가 있다면 이제 단순히 보는 데 그치지 않고 영화에 대해 이것저것 찾아보게 될 것입니다. 배우와 감독에 대해, 영화 제작 배경에 대해 인터넷 검색

무엇을 준비해야 하는가

도 하고 잡지를 뒤지기도 할 테지요. 여기에서 좀 더 나아가면 영화란 무엇인가에 대한 책을 찾아 읽을 것이고, 결국 예술이란 무엇인가에 도달하게 될 것입니다. 이쯤 되면 일정 수준의 지적 능력을 갖추게 되는 것은 물론, 다른 사람의 말도 들을 줄 알게 됩니다. 여기에 그치는 것이 아니라 문학이나 건축 등에도 관심이 생길 것입니다. 영화에는 문학, 건축, 음악, 미술 등 모든 장르가 들어 있으니까요. 사실은 어떤 분야라도 그 안에는 다른 분야까지 모두 담고 있습니다. 따라서 어디에서 시작하든 결국 '교양'이란 이름으로 다 만나게 됩니다. 어느 것에서 시작하든 상관없습니다. 천천히 꾸준하게 앞으로 나아가면 어느새 교양인으로 자라 있을 것입니다.

교양이란 어떠한 상황에서도 대처할 수 있는 잠재된 능력입니다. 따라서 특정한 몇 가지를 잘한다고 교양이 있다고 하기는 어렵습니다. 기초적인 능력과 함께 전체를 보는 눈을 길러야 하지요. 교양을 기르는 데 가장 효과적인 방법은 독서입니다. 독서는 세상을 보는 눈과 생각하는 힘을 길러 주기 때문이지요.

지금까지 살펴본 실용 지식, 정보, 전문 지식, 교양은 판단을 위한 재료들입니다. 일을 하려면 끊임없이 판단을 내려야 합니다. 중요한 판단도 있고, 시급한 판단도 있으며, 사소한 판단도 있을 것입니다. 판단은 주로 머릿속에서 이루어지므로 머릿속에 무엇이 준비되어 있느냐가 중요할 수밖에 없습니다. 판단이 왜 일과 인생에 중요한지는 새삼 강조할 필요도 없을 것입니다. 한순간의 판단이 10년, 아니 평생을 좌우할 수도 있는 것이 현실이니까요.

3. 결국엔 체력 싸움이다

학교 다닐 때는 공부를 잘하면 으뜸입니다. 똑같은 잘못을 저질러도 공부를 못하면 더 크게 야단을 맞고, 공부를 잘하면 봐 주기 일쑤입니다. 공부 잘하는 학생이 한 잘못은 실수고, 공부 못하는 학생이 한 잘못은 상습적인 것으로 치부됩니다. 이런 일을 직간접적으로 겪다 보면 "공부 잘하면 사회에 나가서도 성공하겠구나." 하는 생각을 하게 마련입니다. 즉, 선생님과 부모님의 칭찬이 그런 생각을 품게 만드는 것이지요. 실제로 공부를 잘하면 전통적인 직업인 의사나 변호사가 되는 데 절대적으로 유리한 것이 사실이므로, 공부가 차지하는 비중은 절대적으로 큽니다. 하지만 여기에서 주의해야 할 것이 있습니다. 일을 하는 데 공부는 부분에 지나지 않는다는 것을 말입니다.

공부는 잘하지만 키가 작고 못생긴 사람과, 공부는 별로인데 키가 크고 잘생긴 사람 중 누가 사회에 나가 직업에서 더 성공을 거둘까요? 답하기가 쉽지 않지요. 직종에 따라 다르기 때문입니다. 외모와 관계없이 전공 지식만이 문제가 되는 직종이 있는가 하면, 공부보다는 체격이나 외모가 중시되는 직종이 따로 있습니다.

그런데 공부를 똑같이 잘한다면 체력이 좋은 사람이 직업에서 성공할 확률이 훨씬 높습니다. 일을 하려면 기본적으로 체력이 좋아야 합니다. 탤런트를 보더라도 '체력 싸움'이라는 말을 많이 합니다. 아무리 예쁘고 연기를 잘해도 밤샘 촬영을 감당할 체력이 안 되면 성공할 수 없다는 뜻이지요. 당연합니다. 우선은 그 자리에 있어야 연기를 할 것이 아닙니까.

회사 생활도 마찬가지입니다. 매일 결근하지 않고 나와서 정해진 근무 시간 동안 건강하게 일해야 인정을 받습니다. 툭하면 아파서 결근한다면 어떤 회사라도 좋아하지 않을 것입니다. 가게를 해도 마찬가지입니다. 아파서 문을 열지 못하는 날이 많거나, 열어도 기운이 없어 집중할 수 없다면 장사가 잘되기 어렵겠지요. 어느 직업이든 체력이 뒷받침되지 않으면 성공하기 어렵습니다. 체력은 직업에서 없어서는 안 되는 필요조건입니다.

하지만 학교 교육과 직업 교육에서는 이상할 정도로 체력, 넓게는 몸을 소홀히 취급합니다. 체력에는 어떤 종류가 있으며 무엇을 어떻게 준비해야 하는지 살펴보겠습니다.

(1) 자신 있는 몸매가 경쟁력

원숭이도 예쁜 여자를 좋아한다

몸에 자신 있는 사람은 어딜 가도 자신감을 갖는 것이 요즘입니다. 몸만 좋으면 공부 못한다고 주눅 들지 않습니다. 너도 나도 몸에 엄청 관심이 많습니다. 여자가 예쁘면 다 용서되고, 남자가 몸짱이면 기회를 한 번 더 얻는 게 현실입니다.

텔레비전에서 이런 실험을 본 적이 있습니다. 원숭이 한 마리를 앞에 두고 두 여자가 바나나를 들고 있습니다. 한 여자는 못생겼고, 다른 한 여자는 예쁘게 생겼습니다. 원숭이는 어느 쪽으로 갈까요? 예쁜 여자에게로 갔습니다. 반복해서 실험해도 결과는 마찬가지였습니다. 원숭이를 당나귀로 바꾸어도 예쁜 여자에게로 갔습니다. 이쯤 되면 예쁜 여자, 잘생긴 남자에게 호감을 느끼는 것은 '자연'스러운 일 같기도 합니다.

그렇다면 사람들이 자신의 몸에 관심을 갖는 것도 자연스러운 일이겠지요. 그런데 문제는 모든 사람이 예쁘거나 잘생길 수는 없다는 데 있습니다. 얼굴이나 몸이 별로라면 어떻게 해야 이 시대를 슬기롭게 살아갈 수 있을까요?

근거 없는 자신감을 가지라

우선 자신감을 가져야 합니다. 스스로 생김새에 자신감을 가져야 남들이 볼 때도 자신 있는 사람으로 봅니다. 일을 하다 보면 수많은 사람을 만날 수밖에 없습니다. 일이 잘되게 하려면 만나는 사람에게 좋은 인상을 심어 주는 것이 무척 중요하지요. 그래서 첫인상의 중요성이 강조되고, 어떻게 하면 3초 안에 상대방을 사로잡을 수 있는지 가르쳐 주는 책도 나오는 것입니다.

좋은 인상을 심어 주는 데는 여러 가지 기술이 있겠지만, 자신감을 드러내는 것이 꼭 필요합니다. 위축되어 있거나 기죽어 있다면 사람들은 만만하게 여깁니다. 동물의 세계에서도 다치거나 어리거나 약해 보이는 동물이 무리 가운데 가장 먼저 공격당한다고 합니다. 인간은 그 정도로 노골적이진 않더라도 크게 보아서는 별로 다르지 않습니다. 자신감 없는 사람은 기싸움에서 지고 들어갑니다. 만약 학력이나 재력 따위가 뛰어나다면 자신감을 가질 수도 있겠으나, 그렇지 않은 데다가 생김새까지 따라 주지 않는다면 자신감을 갖기는 어려울 테지요.

자신감을 가지려면 무슨 근거가 있어야 하지 않을까요? 저는 '근거 없는 자신감'이 바로 그 근거라고 생각합니다. 있는 그대로의 자신을 받아들이는 태도가 자신감을 심어 준다는 뜻입니다.

저는 키가 작습니다. 키가 작다는 것을 처음 안 것은 초등학교

입학식 날이었습니다. 키에 따라 한 줄로 섰는데, 제가 맨 앞에 서 있더군요. 그리고 일 년 내내 '앞으로나란히'를 할 기회를 얻지 못했습니다. 줄곧 앞줄에서 지내다 고등학교를 마쳤습니다. 저는 현실을 인정했습니다.

"그래, 나는 키가 작다. 그래서 어쨌다는 거야?"

키는 제가 선택한 것도, 부모님이 선택한 것도 아닙니다. 그냥 작은 것뿐입니다. 담담히 받아들이고 지내기로 했습니다. 신경을 쓰지 않으니까 남들이 키 작다고 놀리거나 농담거리로 삼아도 같이 웃을 수 있습니다. 물론 신발 밑에 깔창을 사용한 적도 없습니다. 연예인들이 키높이 깔창을 몇 개씩 사용하는 모습을 보면 "그렇게 자신감이 없나?" 하는 생각이 듭니다. 자신감이 있는 사람은 상대방에게 신체적인 약점을 노출시키지 않습니다. 아무리 키가 작고 못생겼더라도 자신감 있는 사람은 몸의 약점보다는 자신감을 먼저 전하기 때문입니다.

그런데 아무리 자신감을 가지려 해도 되지 않는다면 어떻게 해야 할까요? 성형을 하면 되지 않을까요? 물론 성형도 하나의 해결책이 될 수 있을 것입니다. 코가 낮아서 자신감이 없는 사람은 코를 높임으로써 자신감을 얻을 수 있습니다. 하지만 여전히 불안감이 남을 것입니다. 남들이 알아볼지도 모른다는 불안감, 다시 손을 봐야 한다는 불안감, 사랑하는 사람이 어떻게 받아들일지 몰라 생기는 불안감 등등 말입니다. 그리고 시간이 지나 나이가 들면 성형의 효과를 거의 보기 힘듭니다.

따라서 있는 그대로 받아들이고 사랑하는 마음을 기르는 것이 가장 효과적입니다. 일을 하려면 사람을 만나야 하고 사람에게 좋은 인상을 주는 것은 일의 성공에 중요하다고 했습니다. 그것을 위해서는 자기의 몸을 있는 그대로 받아들이는 태도를 준비해야 합니다.

살은 찌지 말자

있는 그대로를 받아들임으로써 자신감을 갖는 것이 가장 좋은 방법이라고 해도 반드시 유의해야 할 점이 하나 있습니다. 바로 비만입니다.

비만은 이 시대가 피해 갈 수 없는 문제입니다. 인류가 지금처럼 영양 과잉 상태에 놓인 적은 없었습니다. 물론 지금도 많은 사람이 기아에 허덕이고 있으나, 전체적으로 볼 때는 엄청나게 많이 먹고 있는 것이 역사적 사실입니다. 인간이 하루에 세 끼를 먹게 된 것은 근대 이후라고 합니다. 조선 시대에도 보통 두 끼를, 오전 10시와 오후 4시쯤에 먹었다고 합니다. 하지만 지금은 생활 방식이 바뀌어 밤에도 일하고 움직이므로 저녁에도 반드시 먹습니다. 그것도 대개는 하루 중 가장 많이 먹지요.

편리한 생활 방식에 비해 너무 많이 먹기 때문에 비만을 피할 수 없게 되었습니다. 문제는 비만으로 건강과 몸매 모두 위협받고 있다는 것입니다. 배가 나온 사람은 어떤 옷을 입어도 맵시가 나지 않습니다. 아무리 비싼 명품을 걸쳐도 모양이 살지 않습니다. 외모에 신경을 엄청 쓰는 사람들이 있습니다. 성형도 하고 피부 관리도 받고 옷에도 많은 돈을 들이지만, 살이 찌면 그 모든 것이 허사가 되고 맙니다.

살이 찌지 않으려면 어떻게 하는 것이 좋을까요? 제가 이 분야의 전문가는 아니지만 경험에 따르면 먹는 양을 줄이는 것이 가장 좋은 것 같습니다. 운동을 해서 몸무게를 줄이는 데는 한계가 있기 때문입니다.

저 역시 먹는 것을 반으로 줄여서 살을 뺐습니다. 먼저 밥그릇을 작은 것으로 바꿨습니다. 처음에는 쉽지 않았습니다. 밥을 적게 먹는 대신 반찬을 많이 먹게 되더군요. 그래도 시간이 지나면서 차츰 작은 그릇에 적응하게 되었습니다.

굳은 결심은 살을 빼는 데 필수입니다. 굳은 마음이 없다면 어느새 슬금슬금 예전처럼 먹게 될 것입니다. 또 한 가지 반드시 지켜야 할 것은 간식을 없애는 것입니다. 밤늦은 시간에 '수험생 간식'이라는 핑계로 계속 먹고 있다면 위험한 신호입니다.

청소년기에는 많이 먹고 힘을 내야 공부할 수 있다는 이유로 계속 먹습니다. 게다가 공부하느라 바빠 운동할 틈이 없으니 체중이 많이 불지요. 특히 여학생들이 심합니다. 체중이 늘면 몸뿐만 아니라 머리도 둔해집니다. 살이 찐다는 것은 현대인에게는 스트레스입니다. 학생도 예외는 아니어서, 살이 찌면 자신도 모르게 툭하면 짜증을 냅니다. 그러면 마음이 불편해지고 머리도 함께 우울 모드로 바뀌어 학습 능력이 떨어지지요. 항상 조금 배고픈 듯이 먹어야 공부도 더 잘됩니다. 적게 먹어서 몸매도 좋아지고 학습 능력도 높아진다면 안 할 이유가 없습니다.

날이 갈수록 몸이 중요해지고 있습니다. 예전에는 정신과 마음을 강조하고, 몸에 신경 쓰는 사람은 하찮게 여겼습니다. 하지만 지금은 몸으로 자신을 말하는 시대입니다. 성격 나쁜 것은 참아도 예쁘지 않은 것은 참을 수 없다는 농담도 합니다. 몸매의 중요성은 남녀 구분 없이 모두에게 해당됩니다. 대책은 두 가지입니다. 있는 그대로를 받아들이고 자신감을 갖고 사는 자세, 살이 찌지 않도록 적게 먹는 것. 남들이 못생겼다 하더라도 자신감을 가지고, 몸무게와 체지방, 내장 비만 지수를 표준으로 유지한다면 몸매에 관해서는 준비가 되었다고 할 수 있습니다.

(2) 체력이 달리면 일도 못한다

시간 없어서 운동 못 한다는 거짓말

허우대는 멀쩡한데 힘이 없다는 이야기가 나온 지는 꽤 오래되었습니다. 요즘 젊은 사람들을 두고 하는 소리입니다. 몸매는 보기 좋고 멀쩡한데 막상 일을 시키면 비실비실하다고들 합니다. 제가 봐도 그렇습니다. 가방에 책 몇 권 넣고 다니면서도 죽는 소리를 하고, 가구 하나 옮기려면 힘은 못 쓰고 낑낑거립니다.

그래도 이것은 사소한 경우이고, 문제는 직장에 취직한 뒤부터입니다. 일이 많아서 야근을 시키면 그 다음날은 하루 종일 빌빌거리는 경우가 많다고 합니다. 출장을 보내도 예전 사람들처럼 짧은 시간에 여러 곳을 돌지 못해서 업무 효율이 떨어진다고도 하더군요. 여러 사람의 증언을 들어 보건대, 요즘 젊은이들은 직업에 필요한 체격은 갖추었을지 몰라도 그에 걸맞은 체력은 갖추지 못한 것 같습니다. 아무리 몸매가 그럴듯해 보여도, 체력이 없으면 일을 못합니다. 그러므로 체력을 강조할 수밖에요. 그럼 체력을 키우는 방법에는 무엇이 있을까요? 어떻게 해야 직업에 필요한 체력을 키울 수 있을까요?

무엇보다 운동을 해야 합니다. 중·고등학교 시절에는 시험공부 때문에, 대학에 들어가서는 이것저것 일이 많다는 핑계로 운동할 시간이 없다고 합니다. 물론 지금의 청소년과 대학생이 바쁜 것은 사실입니다. 하지만 그보다 큰 문제는 운동을 꼭 해야 한다는 생각조차 하지 않는다는 것입니다. 생각이 있다면 어떻게 해서든 운동할 짬을 낼 테지요. 그러므로 운동을 꼭 해서 체력을 키워야 한다는 생각을 하는 것이 중요합니다.

운동을 하면 공부할 시간이 없다는 것이 사실일까요? 아닙니다. 운동할 시간이 없을 정도로 스케줄이 빡빡하다면 그 스케줄이 잘못된 것입니다. 새벽부터 밤까지 계속 공부만 한다고 능률이 오를까요? 토요일, 일요일도 없이 공부한다고 성적이 오를까요? 저는 아니라고 생각합니다.

제가 고등학교를 다닐 때는 지금보다 입시 경쟁이 더욱 치열했습니다. 주관식으로 내는 본고사 문제는 어찌나 어려웠는지, 그야말로 입시 전쟁이었지요. 입시 부담을 줄이고자 학력고사, 내신, 수능 등이 등장했습니다. 부담스러운 주관식 문제도 이제는 거의 사라졌습니다.

그런데 재미있는 사실은 입시 전쟁이 치열했던 예전의 고등학생들이 운동을 더 열심히 했다는 것입니다. 제 친구 가운데 하나는 지금 큰 종합병원에서 의사로 일하고 있습니다. 유능하다고 인정도 받고 있지요. 이 친구는 등산과 검도에 아주 능해서, 자격증도

있고 고수라 할 만한 실력을 갖추고 있습니다. 그런데 등산과 검도 모두 고등학교 때 시작한 것입니다. 일요일이면 등산부와 함께 산을 탔고, 방학이면 며칠씩 야영을 하며 훈련했습니다. 등산의 맛을 느낀 것도, 등산의 기초를 익히며 몸을 단련한 것도 고등학교 때였습니다. 그렇게 하고도 의대에 진학해 의사가 되었습니다. 이 친구 앞에서 운동 때문에 공부를 못 한다고 하면 핑계에 지나지 않는다고 하겠지요.

운동은 체력과 친구를 남긴다

요즘은 운동을 한다 해도 개인 레슨을 받는 경우가 많습니다. 친구들이 모두 바빠서 같이 놀 시간이 없기 때문이지요. 단체로 운동을 하면 시간이 늘어집니다. 운동만 하고 흩어지는 게 아니라 운동 전후에 모여서 함께 시간을 보내게 마련이니까요. 이런 시간이 아까운 것입니다. 그 시간에 학원에 가든 과외를 받든 해야 시간이 아깝지 않다고 생각하지요.

물론 개인 레슨이라도 안 하는 것보다는 낫습니다. 하지만 운동이 단지 체력 단련만을 위한 것은 아닙니다. 단체 정신을 배우는 장이 될 뿐 아니라, 사회에 나가 일을 하는 데도 많은 도움이 된다는 것을 잊어서는 안 됩니다.

저는 고등학교 때 축구를 열심히 했습니다. 방과 후에도 시간만나면 공을 찼습니다. 물론 잘하지는 못했습니다. 하지만 당시에는 축구를 하는 친구들이 아주 많았기에 실력이 부족해도 함께 묻어서 하는 데 지장이 없었습니다. 지금 생각해 보면 고등학교 1, 2학년 여름 방학은 축구로 다 보냈던 것 같습니다. 아침에 학교에 가서 축구를 하고, 점심 먹고 쉬었다가 뙤약볕에서 또 축구를 합니다. 그러고는 씻고 모여서 한참 수다를 떨다 집으로 돌아갔습니다. 그렇게 두 번의 여름 방학을 보냈지만 공부를 못 했다는 후회는 없습니다. 그때 공을 쫓아다니던 체력으로 지금껏 버티고 있고, 그때 같이 공을 차던 친구들이 나의 평생 친구들이니까요. 그 친구들이 제가 글을 쓰는 데 여러 면에서 큰 도움을 주고 있습니다.

체력 이야기를 하다 보니 남자 위주로 흐르고 말았군요. 여자도 남자와 똑같이 일하는 것이 요즘의 문화입니다. 따라서 체력을 키워야 한다는 것은 여자도 예외가 아닙니다. 과격한 운동이 아니더라도 체력을 키우는 방법은 많습니다. 규칙적으로 걷기, 가벼운 등산, 요가, 수영, 태극권 따위가 있습니다. 마음 먹고 실천에 옮기면 어떤 것이든 체력 향상에 도움이 됩니다.

(3) 건강 관리의 기본 원칙

건강하게 오래가야 성공이다

아무리 잘생기고 힘이 좋아도 건강하지 않으면 소용없습니다. 체력이 좋은 것과 건강하다는 것은 다릅니다. 천하장사는 체력이 좋습니다만, 반드시 건강하지는 않습니다. 병에 걸릴 수 있기 때문이지요. 체격과 체력이 모두 좋더라도 쉽게 병에 걸리는 체질이라면 직업에서 성공하기 어렵습니다. 일에서 성공하려면 건강하게 오랫동안 일할 수 있어야만 합니다. 아무리 학벌과 외모, 체력이 좋더라도 병에 걸려 일을 제대로 해 낼 수 없거나 자주 아파서 결근을 한다면 성공하기 어렵겠지요.

야구 선수를 예로 들어 볼까요? 키 185센티미터에 몸무게 80킬로그램, 그리고 잘생긴 외모. 게다가 쳤다 하면 담장을 넘기는 괴력을 갖춘 선수가 있다고 합시다. 이 선수가 부상만 없다면 스타가 되는 것은 시간문제일 것입니다. 보통 야구 선수는 20년 정도 활약하므로 20년 정도 부상이나 질병 없이 건강하게 지낼 수만 있다면 성공할 수 있다는 말입니다. 그런데 만약 이 선수가 담배와 술로 자신의 몸을 돌보지 않는다면 어떻게 될까요? 몇 년 안에 선수 생활을 접어야 할 것입니다. 운이 없어 병에 걸리거나 시합 중 사고로 치명적 부상을 입는다면 그때 역시 선수 생활을 그만두어야겠지요. 건강이 뒷받침해 주지 않는다면 성공적으로 선수 생활을 하기는 불가능합니다.

실제로 시합 중 부상을 입어 식물인간으로 보내는 선수도 있고, 미국의 야구 스타였던 루 게릭처럼 병으로 은퇴한 선수도 있으며, 문란한 사생활로 일찍 그라운드를 떠난 선수도 있습니다. 건강하게 오래 활약해야 무엇인가 이룰 수 있습니다. 건강이 중요하다는 것은 새삼스러울 만큼 당연한 것처럼 들리지만, 실천하지 못하는 이들이 꽤 많습니다.

술과 담배는 금물이다

건강의 대표적 적이 술입니다. 제가 어렸을 때 아는 군인 아저씨가 장성 진급을 앞두고 세상을 떠났습니다. 병명은 황달이었던 것 같은데 술을 너무 많이 마셔서 발병했다고 들었습니다. 이런 예는 수도 없이 많습니다. 옛날 사람들은 과음이 일상화되어 있었기에 술 때문에 병들고, 심지어 죽고, 직업에서도 성공을 거두지 못하고 남은 가족들에게 고통을 안기는 경우가 많았습니다.

과음이 건강에 좋지 않다는 것은 누구나 알고 있습니다. 음주로 인한 비극도 널리 알려져 있지만, 술을 마시지 않는 사람은 많지 않습니다. 요즘 젊은 사람들이 예전보다 술을 덜 마신다고 하지만,

여전히 음주의 심각성을 피상적으로만 이해하고 있는 듯합니다. "다들 술을 마시는데 내가 마시는 게 무엇이 잘못인가?" 하는 식으로 생각하는 것 같습니다. 아직도 우리 술 문화는 여럿이 모인 자리에서 술을 마시지 않으면 눈총을 주고는 하지요.

하지만 학생 때부터 술을 마시지 않는 습관을 들여야 합니다. 청소년 가운데도 술을 마시는 사람들이 있다고 하는데, 결코 바람직하지 않습니다. 다른 문제는 말할 것도 없고 건강에 좋지 않기 때문입니다. 어른도 마찬가지이지만, 성장기의 청소년이 술을 마시는 것은 더더욱 바람직하지 않습니다.

그런데 이렇게 생각하는 사람들이 있습니다.

"술을 마시지 않으면 사회생활에 지장이 있지 않을까?"

"직업을 갖고 일을 하게 되면 사람들과 만날 수밖에 없고, 또 짧은 시간에 친해지려면 술이 가장 효과적인 방법이므로 마실 수밖에 없다."

하지만 술을 마시지 않고도 사업에 성공한 사람은 꽤 많습니다. 대우그룹의 일궜던 김우중 씨는 술을 한 잔도 마시지 않았지만 거대 그룹을 이끌었습니다. 처음부터 술을 마시지 않는다는 것을 알리고 시작하면 주위 사람들이 그에 적응하게 마련입니다. 문제는 자신이 얼마나 확고하게 건강을 위해 술을 마시지 않겠다는 결심을 하느냐입니다.

담배의 해악은 술보다 더 잘 알려져 있습니다. 하지만 술과 마찬가지로 사태의 심각성이 각인되어 있지 않아 보입니다. 여전히 많은 사람이 담배를 피우고 있지요. 그런데 최근 한 텔레비전의 프로그램에서 충격적인 해악을 보여 주었습니다. 담배가 성기능에도 치명적 장애를 가져온다는 내용이었습니다. 하루에 한 갑씩 20년을 피우면 남자의 경우 아주 많은 사람이 발기부전에 시달리게 되고, 약을 먹어도 치료가 되지 않는다고 합니다. 흡연이 폐암을 비롯한 많은 질병을 일으킨다고는 알려져 있었지만, 발기부전에 대해서는 그동안 잘 알려지지 않았습니다.

건강을 위해 담배를 피우지 말아야 합니다. 담배를 피운다고 사회생활이 더 잘되지도, 일을 하는 데 도움이 되지도 않습니다. 글을 쓰는 사람은 으레 담배를 피울 거라고 여기는 사람이 꽤 있지만 사실과 다릅니다. 저도 피우지 않습니다.

직업을 갖고 산다는 것은 매우 긴 시간에 걸친 승부입니다. 처음에는 능력을 앞세워 선두로 치고 나아갈 수 있으나, 결국에는 건강하게 오래 버틴 사람이 이기는 경우가 많습니다. 일단 자기 분야에서 오랫동안 건강하게 버텨야 뭔가 이룰 수 있지 않겠습니까. 직업 준비에 빼놓을 수 없는 것이 건강이라면 금주, 금연이 당연히 포함되어야 합니다.

자신의 몸에 자신감을 갖고, 적게 먹어 살찌지 않도록 하면서,

운동을 하고 금주, 금연을 해야 합니다. 직업이라는 긴 시간에 걸친 승부에서 최후에 웃으려면 지금부터 건강 관리를 해야 합니다.

4. 매력 있는 사람이 일도 잘한다

일을 하는 것은 대부분의 경우 사람을 상대하는 것입니다. 영업 사원은 매일 많은 사람을 만나 사람의 마음을 훔치려 하고, 의사는 매일 환자를 보면서 이야기를 나눕니다. 사무직이라도 회사 안의 인간관계에 크게 신경을 써야 합니다. 다시 말해서, 어떤 일을 하든 사람 상대하는 일을 피할 수 없습니다. 일에 필요한 능력이나 체력만 갖추었다 해서 효율적으로 일한다고 할 수는 없습니다. 그럼, 무엇이 더 필요할까요?

회사를 예로 들어 보겠습니다. 같은 회사에 다니고 있다면 비슷한 수준의 지적 능력과 체력을 지니고 있다고 봐도 좋을 것입니다. 입사 시험과 신체검사를 함께 치러 통과한 사람들이 모였기 때문이지요. 물론 그 가운데 몇몇은 특별히 우수한 지적 능력과 신체 조건을 가진 사람도 있을 테지요. 이런 사람들이 남들과의 경쟁에서 유리할 것은 분명합니다. 그 점은 앞에서 충분히 설명했습니다.

그런데 머리 좋고, 잘생기고, 집안도 좋은데 별로 인기가 없는 사람이 있습니다. 인기는커녕 오히려 밥맛이라는 소리를 듣는 경우가 왕왕 있지요. 왜 그럴까요? 그것은 지력이나 외모, 체력을 갖추었다 해도 인간적인 매력이 없기 때문입니다. 사람을 끄는 힘이 없다면 지력과 체력이 아무리 뛰어나도 일을 하면서 한계에 부닥치게 됩니다. 함께 일하는 사람들이 그 사람의 능력을 이용하기는 하겠지만, 친밀감이나 일체감을 느낄 수 없어 더 높은 단계까지 나아가지 못하는 것이지요. 이것이 일을 하는 데 커다란 장애가 됩니다. 어찌 보면 지력이나 체격, 체력보다 매력이 직업의 성공에 더 큰 영향을 끼친다고도 할 수 있습니다.

처음 만났는데도 상대가 마음에 들면 그 사람이 하는 이야기를 신뢰하게 마련입니다. 그리고 다시 만나고 싶은 마음이 드는 게 보통 사람의 심리이지요. 반면에 다 좋은데 뭔지 안 맞는 것 같고 마음이 가지 않는 사람도 있습니다. 그런 사람과는 같이 일을 해도 관계는 항상 제자리걸음이고, 일은 현상 유지만 될 뿐 발전을 기대하기 어렵습니다. 신이 나고 마음이 통하면 일의 능률이 오르는 것은 자명한 일입니다. 능력이 그다지 뛰어나지도 않고, 외모가 별로인데도 사업에 성공하는 사람들이 있습니다. 그런 사람들은 묘한 매력이 있는 사람들입니다. 기억에서 쉽사리 사라지지 않아서 한 번 더 만나고 싶고, 만나면 기분이 좋아져 일도 자연스럽게 풀립니다.

사람들을 끄는 힘인 매력은 성격, 개성, 잡기, 유머, 스타일 등으로 분석해 볼 수 있습니다. 이것들을 하나하나 살펴보겠습니다.

(1) 성격이 곧 운명

사람은 성격대로 산다

"성격이 운명"이라는 말이 있습니다. 무엇을 하든 간에 성격에 따라 운명이 결정된다는 뜻입니다. 처음에 이 말을 들었을 때 저는 웃어넘겼습니다. 그저 "모나지 않게 살라는 뜻인가 보다." 하고 생각하고 말았지요. 그런데 50대에 들어서자 그 말이 글자 그대로임을 깨닫게 되었습니다. 다시 말해 능력이나 환경, 외모 따위도 중요하지만 "사람은 역시 성격대로 산다."는 것을 깨닫기 시작한 것입니다.

성실한 사람은 누가 말려도 언제나 성실하게 일합니다. 원래 성격이 그런 것입니다. 성격이 급한 사람은 순간을 참지 못하고 일을 저질러 번번이 좋은 기회를 놓칩니다. 의심이 많은 사람은 아무리 실력이 있고 잘생겼더라도 주위에 사람이 없어 성공적인 사회생활을 기대하기 어렵습니다. 이런 사례들은 끝없이 들 수 있습니다.

"결국 성격이야."

이런 말은 나이가 들수록 더 많이 듣게 됩니다.

지고는 못 사는 성격인 사람은 일에서 보면 성공할 확률이 높습니다. 어떻게 해서든 이겨야 직성이 풀리므로 끝까지 포기하지 않거든요. 성격이 급한 사람도 성공할 확률이 높다는 보고가 있습니다. 성격이 급해 바로바로 실행에 옮기므로 생각이 많고 결단이 늦은 사람보다 성공할 확률이 높다는 것이지요. 결국 일을 하다 보면 능력이 조금 모자라더라도 성격이 좋으면 직업에서 성공할 확률이 높다는 것을 경험적으로 터득하게 됩니다.

성격에 맞는 직업을 택하라

그런데 문제는 성격은 잘 고쳐지지 않는다는 것입니다. 그러니 "타고난 성격이 어디 가느냐?"고들 말하는 것이겠지요. 성격 급한 사람들은 자기 성격이 그렇다는 것을 알고 있어도 쉽사리 고치지 못합니다. 남의 말 잘 믿는 사람 역시 번번이 손해를 보면서도 성격을 못 고칩니다. 뚝뚝한 사람이 친절한 사람으로 바뀌는 것 역시 기대하기 어렵지요.

자기 성격의 약점을 알면서도 고치기 어렵다면 어떻게 해야 할까요? 고치려 하기보다 자기 성격에 맞는 직업을 택하는 것이 더욱 바람직합니다. 성격에 맞지 않는 일을 하면 스트레스가 쌓여 병에 걸리기 쉽다고 합니다. 내성적이고 자기 세계에 빠져 조용히 사는 게 맞는 사람이 권력 기관의 요직을 맡으면, 결국 스트레스를 견디지 못해 임기를 못 채우고 그만두는 경우가 많을 것입니다. 이와 반대로 사람 만나기 좋아하고, 사람들 기쁘게 하는 일에는 자다가도 벌떡 일어나는 성격이라면 정치인이나 연예인을 하는 것이 맞겠지요. 정치인과 연예인은 서비스업이라는 공통점이 있습니다. 다만 차이가 있다면 정치인은 환영받지 못하지만, 연예인은 환영받는다는 점일 테지요.

성격에 맞는 직업을 택하면 자신의 겉과 속의 거리가 멀지 않아 정신병에 걸릴 확률도 훨씬 줄어들 것입니다. 공부하기 싫은 사람이 어찌어찌 해서 교수가 되었다면, 남들은 좋은 직업이라며 부러워할지 몰라도 자신은 평생 괴로울 것입니다. 이와 반대로 남에게 먹을 것을 나눠 주는 것을 좋아하는 사람이 조그만 식당을 운영한다면 비록 남들이 높게 평가하지 않더라도 스스로는 만족하며 살겠지요.

앞에서 말했듯이 저의 아버지는 저에게 의사가 되기를 권하셨습니다. 전쟁을 겪으신 분이라 어떤 체제에서도 안전하고 인간답게 살 수 있는 직업으로는 의사가 제일이라고 여겼던 것 같습니다. 하지만 저는 의사가 저에게는 맞지 않는다고 판단했습니다. 좁은 공간에서 매일 정해진 일과에 맞추어 일한다는 것이 제 성격과는 안 맞는다고 생각했던 것입니다. 그리고 저는 남을 배려하는 일과

도 맞지 않는 성격입니다.

저는 그냥 혼자서 조몰락조몰락 일하는 것이 좋았습니다. 될 수 있는 한 남과 같은 공간에 있지 않으면서, 시간에서 자유로운 직업이 저에게 맞는다고 생각했습니다. 그런데 그런 성격에 맞는 직업은 매우 한정되어 있다는 것을 나중에야 알았습니다. 백수 아니면 작가, 예술가밖에 없더군요. 지금은 글을 쓰며 살고 있는데 백수 때보다는 일거리가 있어 나은 편입니다. 백수로 지낼 때는 성격에는 맞아 좋았으나, 일을 하지 않으니 부끄러웠던 것도 사실입니다. 저는 의사가 되지 않아서 미련이 남는다거나, 후회한다거나 하는 생각은 전혀 하지 않습니다. 성격에 그런 대로 맞는 지금의 직업이 좋습니다.

자신의 성격을 인정하라

고쳐지지 않는 성격이 직업과 인생에 큰 영향을 끼친다면 어떻게 해야 할까요? 우선 성격은 고치기 어렵다는 것을 받아들여야 합니다. 세상에는 아무리 애써도 바꿀 수 없는 세 가지가 있답니다. 국가와 부모, 그리고 나머지 하나가 성격입니다. 먼저 자신의 성격을 있는 그대로 인정하는 자세가 필요합니다. 그래야 쓸데없는 노력을 기울이지 않으며 자책에서 오는 낭패감과 좌절감을 없앨 수 있습니다. 자신의 급한 성격을 고치지 못한다고 자책하여 자신감을 잃는다면 일이 잘될 리 없습니다. 따라서 쓸데없는 시간과 마음의 소모를 막아야 합니다. 그렇다고 해서 마냥 손을 놓고 "원래 성격이 그러니 난 어쩔 수 없어." 하는 식의 수수방관은 곤란합니다. 무엇인가 해야 합니다. 즉, 성격은 고치기 어렵다는 것을 인정하고 조심하는 자세를 가지면 됩니다.

성격이 급한 사람은 시행착오를 거듭하는 가운데 급한 성격 때문에 손해를 많이 본다는 것을 알게 됩니다. 그것을 알게 되었다면 성격을 고치려고 너무 애쓰지 말고 "그래, 나는 성격이 급해. 그러니 조심해야지."라고 결심하는 것이 낫습니다. 조심하는 방법은 자기 나름대로 연구해 마련해 놓아야겠지요. 예를 들어, 열 받는 일이 생기면 "일단 심호흡을 세 번 한다." "친구에게 무조건 전화를 해서 이야기를 하는 가운데 호흡을 돌린다." 하는 식으로 자신만의 노하우를 개발하면 좋습니다.

만약 성격이 너무 느긋하다면 주위에 성격이 급한 친구를 두는 것이 좋습니다. 급한 친구가 느긋한 꼴을 못 보고 충고를 할 테니까요. 성격도 어렸을 때부터 고치고자 노력하면 바꿀 수는 없어도 상당히 완화시킬 수 있습니다. 저도 예전에는 참을성이 없었는데 지금은 많이 나아졌습니다.

성격이 사람을 끄는 매력이 될 수 있느냐는 어떤 성격이냐에 달려 있습니다. 구체적으로 어떤 성격이 매력으로 작용하는가 하는

물음에 대해 여기서 답하려는 것은 아닙니다. 그것은 다음에 다룰 테고, 여기서는 타고난 성격 탓에 호감을 주지 못하는 경우를 말하려 합니다. 즉, 급한 성격이라면 아무래도 매력적인 성격이 되기 어렵지 않겠습니까. 낭비벽이 심해도 매력을 끌지 못할 테지요. 무엇이든 내기를 거는 성격도 사람들에게 좋은 인상을 주기 어렵습니다. 따라서 이런 성격을 갖고 있다면 그것을 고치거나, 그럴 수 없다면 누그러뜨리기라도 해야 합니다. 그러지 않으면 자신의 매력을 보여 줄 기회조차 얻을 수 없으니까요. 부정적인 성격 때문에 좋은 면을 보여 줄 기회를 얻지 못하면 사람을 끌지 못합니다. 그러면 직업에서 성공하기도 힘들지요. 따라서 자신을 다스려야 합니다.

그런데 성격을 좋게 만드는 가장 효과적인 방법이 하나 있습니다. 그것은 바로 사랑을 받는 것입니다. 즉, 사랑을 받으면 성격이 좋아집니다. 매력적인 성격이 된다는 보장까지는 없지만 부정적인 면은 많이 사라집니다. 사랑을 받았던 사람, 혹은 사랑을 받고 있는 사람은 자신감이 있고 긍정적이며 윤기가 흐릅니다. 특별히 의도적으로 노력하지 않아도 사랑을 받으면 자신도 모르게 성격이 좋아집니다. 그래서 사람들은 사랑받고 있는 사람을 금방 가려 낼 줄 압니다. 그런 사람에게는 뭔가 즐겁고 가벼운 기운이 느껴지거든요. 그런 사람과는 왠지 가까이 지내고 싶은 마음이 드는 것이 사람의 심리입니다. 사랑을 주고받으면 성격에서 비롯되는 문제의 상당 부분을 해결할 수 있습니다.

사람들의 마음을 끄는 데 방해가 되는 성격은 어떤 식으로든 고치거나 누그러뜨려야 자신만의 매력을 보여 줄 수 있습니다.

(2) 나를 나답게 하는 개성

자신만의 생각이 개성이다

자신만의 매력 가운데 두 번째는 개성입니다. 자신만의 개성을 갖는다는 것은 매우 힘든 일입니다. 그래서 세상의 수많은 사람들을 단 몇 가지 유형으로 나눌 수 있기도 하지요. 가장 흔하고 편한 분류법이 혈액형에 따른 것입니다. 하지만 혈액형으로 성격을 구분짓는 것은 너무 편의적 발상에서 나온 것 같습니다. B형을 두고 흔히 개성이 강하다고들 하는데, 같은 B형이라도 성격이 완전히 다른 경우도 많습니다.

저는 인간의 개성이 혈액형이나 유전자에 달렸다고 생각지 않습니다. 개성은 자신만의 생각을 갖고 있느냐에 달려 있다고 생각합니다. 즉, 자신만의 생각을 갖고 사는 사람은 개성이 있는 사람이고, 다른 사람들의 시선을 의식하고 그 시선 속에서 사는 사람은 개성을 상실한 사람입니다.

사람의 외모는 저마다 천차만별입니다. 성격도 마찬가지이고요. 하지만 외모와 성격이 저마다 다르다 해도, 생각만큼 다를 수는 없을 것입니다. 쌍둥이를 보면 외모로는 서로를 구별할 만한 특징을 찾기 매우 어렵습니다. 또 유전자 때문인지 몰라도 성격이 흡사한 경우도 많습니다. 꼭 닮은 꼴의 쌍둥이를 구별해 줄 수 있는 것이 있다면, 그것은 각자의 생각입니다. 외모와 성격이 매우 비슷하더라도 내면의 생각은 얼마든지 다를 수 있고, 또 실제로 다릅니다. 아무리 비슷하게 보여도 말을 시켜 보면 구별해 낼 수 있습니다.

사람들의 생각은 겉보기에는 별 차이가 없어 보이기도 합니다. 같은 시대를 살며, 비슷한 교육을 받고, 접하는 환경도 별 차이가 없기에 그렇게 보일 수 있지요. 그래서 "사람은 다 거기서 거기야."라는 말도 나오는 것입니다. 하지만 조금만 더 들여다보면 각자의 생각은 너무 다릅니다. '소녀시대'의 팬이라 해도 좋아하는 이유는 저마다 다르고, 설사 이유가 같다고 해도 좋아하는 멤버는 다를 수 있습니다. 또 같은 멤버를 좋아한다 해도 그 이유가 다를 수도 있지요. 생각만큼 다를 수 있는 것은 세상에 없습니다. 그러므로 개성은 바로 자기만의 생각을 가질 때 생깁니다.

남의 시선에서 벗어나라

자기만의 생각을 갖는다는 것은 어떤 것일까요? 그것은 남의 말이나 글에 의존하지 않고 스스로 생각하는 것입니다. 예를 들어 영화 한 편을 봤다고 해 봅시다. "그 영화 어땠어요?" 하고 물으면 어떻게 답하겠습니까? 사람들 중에는 각종 영화평을 인용하면서 말하는 사람들이 꽤 있습니다. 영화 전문 잡지에서는 어떻게 평했고, 일간지에서는 어떻게 말했으며, 또 유명 문화평론가는 어떻게 언급했는가 등을 주로 말합니다. "그래서 네 생각은 뭐야?" 하고 물으면 또다시 권위 있는 신문이나 잡지에 난 글을 인용하여 말합니다. 이런 사람들은 자신의 생각이 없는 것입니다. 영화 잡지나 평론가들이 언급하지 않은 영화에 대해 물어보면 이들은 무척 당황하겠지요. 신문이나 잡지에서 크게 다루지 않은 영화는 보지 않을 가능성이 크고요. 다시 말해서, 영화를 선택할 때부터 남의 시선을 염두에 두는 것입니다.

남의 시선, 남의 시각, 남의 생각이 자신의 시각, 자신의 생각보다 우선하는 사람에게 개성이란 있을 수 없습니다. 남의 시선을 의식하지 않고 자신의 시선으로 세상을 바라볼 수 있어야 개성이 있는 것입니다. 영화에 대해 물으면, 자신의 생각을 그냥 말하면 됩니다. 어떤 유명한 사람이 뭐라고 했든 상관없습니다. 우선은 자신의 생각을 있는 그대로 말하면 그만입니다. 짧게 이야기할 수도 길게 이야기할 수도 있으며, 별 내용이 없을 수도 수준이 높을 수도 있습니다. 그것이 중요한 게 아니라 자신의 생각을 중심에 놓는다는 것이 훨씬 더 중요합니다.

남의 시선을 의식하지 않고 자신의 생각을 가져야 개성이 생긴 다는 것은 분명합니다. 문제는 그것이 어렵다는 것이지요. 우스갯 소리로 '넘사벽'이라는 말이 있습니다. '넘을 수 없는 사차원의 벽' 을 말하는데, 자기만의 세계에 빠져 있어 이해하기 어려운 사람을 칭할 때 씁니다. 텔레비전에서 종종 이런 모습의 연예인을 볼 수 있 습니다. 처음에는 황당하고 이상하지만 묘한 중독성이 있어 보면 볼수록 재미있더군요. 그리고 나중에는 개성 있다고 인정하게 됩 니다. 지상렬 씨가 그 중 한 명일 것입니다. 처음에는 독특한 정신 세계를 가진 넘사벽으로 취급되었지만, 지금은 개성이 뚜렷한 언 어의 마술사가 되었습니다. '지상렬 어록'이 등장할 정도니까요. 말을 잘하는 사람을 가리켜 보통은 "말발이 죽인다."든가 "언어의 마술사"라고 합니다. 그런데 지상렬 씨는 "어, 훈민정음 드리블 좀 하는데."라고 표현합니다. 남의 이야기를 듣고 옮기는 것은 아닐 것 같습니다. 이렇게 표현하는 사람은 좀처럼 찾기 힘드니까요. 독 특한 정신세계는 남의 시선을 의식하지 않고 남의 생각에 기대지 않아야 생겨납니다. 그것이 자신의 생각이고, 그것이 개성입니다.

책이 개성을 키운다

독특해야만 개성이 되는 것은 아닙니다. 아주 평범하고 다른 사람의 생각과 다른 바가 별로 없어도 개성이 있을 수 있습니다. 생각의 내용이 비슷하더라도 그것이 '남'의 생각이 아니라 '자신'의 생각이기만 하면 그만이니까요. 다음의 대화를 살펴볼까요.

"어느 야구팀이 최강이라고 생각해?"

"물론 SK지."

"왜?"

"안정된 투수력, 집중력 있는 중심 타선, 탄탄한 수비력, 뭐 하나 처지는 게 없잖아."

현재 SK의 전력이 객관적으로 그러하기 때문에 많은 사람들이 비슷한 답을 할 것입니다. 그러나 같은 의견을 내놓더라도 그 생각까지 이른 과정이 남의 시각이나 남의 의견을 토대로 한 것이 아니라 자신의 분석을 토대로 한 것이라면 그것은 '자신'의 생각입니다. 이 점이 중요합니다. 모든 사람이 독특한 정신세계를 소유할 수도 없고, 저마다 다른 생각을 갖고 살고 있는 것처럼 보이지만, 또 어찌 보면 비슷비슷한 생각을 하고 살지 않나요? 그렇다고 해서 개성이 없는 것이 아닙니다. 아무리 남의 것과 비슷해도 자신이 한 생각이면 자신의 생각이니까요.

자신만의 개성 있는 생각을 키우는 가장 좋은 방법은 책, 그 중에서도 단행본을 읽는 것입니다. 같은 교과서로 배우고, 같은 신문을 읽고, 같은 프로그램을 시청하다 보면 입력 내용이 너도 나도

같습니다. 그러니 출력, 즉 생각도 비슷할 확률이 높습니다. 그러므로 입력 내용을 일반적인 것이 아닌 것으로 바꾸는 것이 자신만의 생각을 키우는 지름길이지요.

단행본에는 주로 소수의 견해가 소개됩니다. 대중매체가 일방적으로 홍보하는 가치관이나 세계관이 아니라, 진실이라고 생각되지만 억압되는 것들이 매우 근거 있게 소개됩니다. 많이 팔리지는 않지만 다양하고 깊이 있는 목소리를 들을 수 있으므로, 자신만의 생각을 형성하는 데 크게 도움이 됩니다. 예를 들어 미국에 대한 책에서 미국의 달러 위에 그려진 수수께끼 같은 그림들은 무엇을 의미하는지, 미국 달러에는 어떤 가치관과 세계관이 표현되어 있는지 등을 읽었다고 해 봅시다. 이런 것들을 알면 미국을 이해하는 데 도움이 될 뿐 아니라 자기도 모르게 개성 있는 생각을 하게 됩니다.

요즘 한국의 단행본 시장에는 정말 수많은 종류의 책이 있습니다. 조금만 신경을 쓰면 자신의 관심 분야와 관련한 책을 쉽게 구할 수 있습니다. 단행본은 보통 개인이 오랜 시간에 걸쳐 연구한 결과를 발표하는 것이기에 기존의 통념과는 다른 견해를 내놓습니다. 따라서 새로운 자극이 될 수 있지요. 책을 읽는 습관이 들지 않아서 실행에 옮기기 쉽지 않을 수 있습니다. 그러면 자신에게 이렇게 물어보십시오.

"남과 다른 자신만의 개성을 가진 사람이 되고 싶은가?"

예스라고 답했다면 맨 먼저 단행본을 읽으십시오. 잡지, 스포츠 신문, 인터넷 블로그 등에서 눈을 떼고 책으로 눈을 돌리십시오. 그래야 깊이가 있으면서도 독특한 자신만의 생각을 만들어 낼 수 있습니다. 몸매나 옷차림도 물론 멋있어야 하겠지만, 머릿속이 섹시한 것이야말로 개성 있고 매력 있는 것입니다. 누군가의 머릿속이 섹시하다고 느낀다면 그것은 그 사람에게 끌리고 있는 것입니다.

(3) 잡기는 삶의 윤활유

잡기가 인간관계를 끈끈하게 만든다

사무실에서는 별 볼 일 없어 보이는 사람이 있습니다. 그런데 단체로 여행을 갔을 때 이 사람이 의외로 멋지게 윈드서핑을 한다면 갑자기 사람이 달라 보이겠지요. 예상하지 못한 모습을 보았을 때 우리는 눈을 비비고 다시 봅니다. 평소에는 얌전하게만 보이던 사람이 클럽에 가서는 돌변, 웨이브의 여왕으로 변신한다면 매력을 느끼지 않을 수 없을 것입니다.

일에 열중하고, 일을 능숙하게 처리하는 사람이 인정받는 것은 당연합니다. 일을 하기 위해서 모이는 곳이 직장이니까요. 따라서 업무에서 인정받아야 하는 것은 일하는 사람의 기본입니다. 하지

만 이것만으로는 부족합니다. 때로는 다른 면모를 보여 주어야 정서적으로 가까워질 수 있습니다. 사무실에서는 언제나 엄격한 상사가 노래방에서 간드러진 목소리로 여자 가수의 노래를 부르거나, 최신곡을 깜찍하게 부른다면 다음날 업무가 순조로워지지 않을까요? 사람을 끌기 위해서는 일도 물론 잘해야 하지만, 그에 못지않게 잡기에도 능해야 합니다.

성공한 사람들을 보면 주위에 언제나 도움을 주는 사람들이 있습니다. 그들을 가만히 들여다보면 취미나 잡기를 함께했던 사이인 경우가 많습니다. 예를 들어 학창 시절에 산악부나 연극부 활동을 같이했던 사이인 것이지요. 같은 반에서 공부를 같이한 사람들이 친해질 확률보다는 같이 축구하던 사람들이 친해질 확률이 훨씬 높습니다. 처음 만났더라도 취미가 같다면 급호감의 단계로 들어섭니다. 『아내가 결혼했다』라는 소설에서는 축구팀 레알 마드리드의 팬이라는 이유 하나만으로 남녀가 사랑에 빠져 결혼을 합니다. 단지 소설 속 이야기가 아니라 현실에서도 충분히 있을 수 있는 이야기입니다.

사람을 사귀고, 그들에게서 호감을 사는 일은 비즈니스를 하는 사람이라면 누구나 안고 있는 과제입니다. 따라서 사람들은 늘 화젯거리를 준비합니다. 상대가 영화를 좋아한다는 정보가 있으면 영화에 대해 공부하고, 강아지 키우기에 관심이 많다고 하면 강아지에 대해 공부합니다. 실제로 이런 일이 있었다고 합니다. 한 대기업에서 외국 기업과 거래를 추진하고 있었는데, 대기업의 임원이 마침 외국 기업의 총수가 강아지를 좋아한다는 것을 알게 되었답니다. 그래서 강아지에 대해 무지하게 공부를 많이 해 대화를 나누었고, 결국 외국 기업과 거래를 성사시켰다는 것입니다. 그 공으로 승진을 한 것은 물론이고요. 이른바 출세했다는 사람들은 업무에 있어서는 자신이 가장 잘 안다고 여기는 경향이 있습니다. 그래서 업무를 잘해서 그런 사람들 눈에 들기는 쉽지 않지요. 오히려 강아지가 더 좋은 기회였던 셈입니다.

이런 특별한 경우가 아니더라도 처음 만났거나, 관계를 유지해야 하는 사람들을 관리하는 좋은 방법이 취미를 공유하는 것입니다. 대표적으로 골프를 들 수 있습니다. 골프는 한국 사회에서 비즈니스를 하는 사람들이 가장 많이 하는 운동입니다. 골프를 치지 않으면 화제에 낄 수가 없어 자연스럽게 멀어지지만, 골프를 치면 화제는 끝이 없습니다. 사소한 플레이 하나, 시답지 않은 정보 하나도 다 화제가 되니까요. 그러는 사이 친해지고, 사업에도 도움이 됩니다. 만일 사업 솜씨는 신통치 않더라도 골프를 아주 잘 친다면 그 이유 하나만으로 초대를 받고, 결국 사업에도 도움을 받는 경우가 많습니다. 이쯤 되면 잡기를 잘해야 하는 이유를 알 수 있겠지요. 앞으로 골프는 대중적인 스포츠 내지 레저가 될 것입니다. 테니스가 대중화되었듯이 골프도 대중화되어서 많은 사람들이 골프를 통해 인간관계를 만들어 갈 것입니다.

몸으로 하는 취미가 매력적이다

잡기 혹은 취미는 크게 두 가지로 나눌 수 있습니다. 하나는 머리로 하는 것이고, 다른 하나는 몸으로 하는 것입니다. 머리를 쓰는 취미는 앉아서 하는 것이 대부분입니다. 앉아서 여러 가지 주제에 대해 토론하거나 발표합니다. 때로는 강사를 초빙해 강연을 듣기도 합니다. 책, 영화, 와인 동호회 따위가 여기에 속합니다. 그런데 저는 이런 취미는 그다지 권장하고 싶지 않습니다. 이런 취미는 머리를 복잡하게 할 뿐이니까요. 책 읽는 모임은 모임을 계기로 책 읽는 기회를 갖는다는 면에서는 좋지만, 토론을 해 봐야 자신의 생각이 크게 달라지는 경우는 많지 않습니다. 영화도 마찬가지입니다. 내가 좋아하는 영화를 내 방식대로 보면 그만이지, 굳이 토론까지 할 필요는 없다고 생각합니다.

머리로 하는 취미를 공유하는 사람들은 지식에 호기심이 많고 지적인 것을 추구하지만, 그다지 매력적이지는 않습니다. 책을 많이 읽고 영화를 많이 본 사람이라면 아는 것이 많겠지만, 그 자체로 매력을 발산하지는 못합니다. '아, 그 사람이 보기보다 많은 것을 알고 있구나.' 하는 정도의 인식을 줄 뿐이지요. 그 까닭은 머리로 하는 작업이 우리의 일상과 별로 차이가 나지 않아서입니다. 우리는 보통 머리 쓰는 일로 밥벌이를 합니다. 음식 배달을 하는 경우라면 몸은 오토바이를 몰고 있어도 머릿속은 주문을 외우고 약도를 그리느라 분주히 돌아갑니다. 사무직이야 말할 것도 없으며, 글 쓰는 것은 머리 쓰는 일 가운데서도 가장 심한 경우겠지요. 일상과 비슷한 것을 취미로 삼는다면 매력을 기대하기는 어렵습니다. 매력이란 일상과 다른 곳에서 발생하니까요.

반면에 몸으로 하는 취미나 활동은 주로 스포츠라고 부를 수 있는데, 일상과의 단절이 특징입니다. 축구는 몸을 쓰는 전형적인 스포츠입니다. 축구에서는 손을 쓰는 것을 금지합니다. 손으로 공을 만지면 반칙이지요. 일상에서 우리는 자연스럽게 손으로 공을 만지지만, 축구는 이러한 일상과 단절을 시킵니다. 바로 여기서 스포츠의 미학이 생겨납니다. 손을 쓰지 않고 발과 머리와 몸으로 공을 다투는 것은 일상과는 다른 모습입니다. 손을 쓸 수 없기에 코너킥을 하면 모두 돌고래처럼 솟구쳐 오릅니다. 머리로만 다투기 때문에 환상적인 골이 나오는 것입니다. 만약 손을 쓸 수 있다면 어떨까요? 농구나 핸드볼처럼 될 텐데, 골문이 너무 넓기에 골이 들어가도 감흥이 일지 않겠지요.

그럼 농구는 어떨까요? 농구는 축구와 반대로 발의 자유를 묶습니다. 즉, 자연스럽게 걷는 것을 금지해서, 공을 든 채 세 걸음 이상

걸으면 반칙입니다. 우리는 일상에서 걷는 데 아무런 제약을 받지 않습니다. 그런데 공을 드리블하지 않고 세 걸음 이상 걸으면 안 된다는 규칙이 있기에 농구에서만 볼 수 있는 명장면이 나옵니다. 테니스의 경우는 라인이 있습니다. 라인 안에 공을 넣어야만 하기에 아름다운 장면이 연출되지요. 만일 아무 데나 공을 넣어도 된다면 아름다운 플레이는 나오지 않을 것입니다. 이렇게 일상과 단절된 낯선 공간과 규칙이 있기에 스포츠는 아름답습니다.

앞에서 매력은 의외의 것에서 나온다고 했습니다. 몸으로 하는 스포츠는 일단 일상과의 단절을 통해 이루어지므로, 스포츠를 통해 만나는 사람들은 그 자체로 매력을 갖게 됩니다. 즉, 같이 축구를 하다 보면 일상과의 단절을 통한 유대감이 형성되는 것이지요. 취미를 택한다면 단연 몸으로 하는 스포츠가 사람들과 사귀는 데 도움이 될 뿐 아니라 자신의 매력을 발산하는 데도 크게 도움을 줍니다.

저는 몸으로 하는 스포츠 중에서도 특히 춤을 권하고 싶습니다. 춤은 국제적이기 때문입니다. 어느 나라를 가든 사람들은 춤을 춥니다. 세계 어디를 가도 통하는 잡기가 있다면 춤일 것입니다. 춤에는 수많은 종류가 있기에 그것을 모두 익히는 것은 불가능합니다. 하지만 몇 가지 춤만 익혀 두면 언제 어디서나 별 어려움이 없을 것입니다. 사교춤을 기본으로 하고 자신의 주종목을 한두 개 정도 갖고 있으면 어디를 가든 어울릴 수 있습니다.

춤을 추지 못하면 구경꾼으로 머물러 있기 십상입니다. 신나는 음악이 나오거나 분위기 있는 음악이 나와도 꿔다 놓은 보릿자루처럼 앉아 있기만 한다면 사람들과 어울리기 힘들고 자신의 매력을 보여 줄 기회도 얻지 못하겠지요. 언어나 인종을 떠나서 누구나 공감하고 함께 즐길 수 있는 춤을 익혀 두어 기회가 왔을 때 멋들어지게 한판 춘다면 매력적이지 않을까요? 이에 반해 노래는 가사를 누구나 알아들을 수는 없기에 공감도가 떨어집니다. 함께 영화에 대해 토론하는 것은 더더욱 어렵고요.

잡기는 호감을 자아낸다

공부할 시간도 부족한데 잡기를 익힐 시간이 어디 있느냐고 반문할 수 있습니다. 하지만 그런 것은 핑계에 불과합니다. 앞에서 말했듯이 아무리 공부가 중요하고 꼭 해야 한다고 해도 마음만 먹으면 언제나 운동할 시간이 있습니다. 오히려 운동이 공부에도 도움이 됩니다. 머리를 쓰는 취미도 마음만 먹으면 언제나 틈틈이 할 수 있습니다. 관심의 끈을 놓지 않고 언제나 주시하고 있으면 어떻게든 이어갈 수 있습니다. 영화평론가나 음악평론가, 심지어 축구 해설위원도 보면 학창 시절에 할 공부 다하면서 영화나 음악, 축구에 미쳤던 사람들입니다. 정말로 그런 것들이 좋았고, 좋았기에 관심의 끈을 놓지 않았던 것입니다.

무엇을 준비해야 하는가
•

저도 마찬가지입니다. 고등학교 입시도 치열했던 시절이었지만 중학생 때부터 야구장에서 살다시피 했습니다. 당시는 동대문야구장이 유일했는데, 특히 여름 방학 때는 아침부터 저녁까지 동대문야구장에서 보냈습니다. 오랫동안 야구를 봐 온 덕분에 만나는 사람들에게 신선한 인상을 주고는 합니다. 철학을 한다고 하니까 야구와는 담을 쌓고 사는 사람인 줄 알았는데 의외로 야구를 잘 안다며 호감을 표시하는 경우가 종종 있습니다. 제가 야구팬이라는 것에 사람들은 관심을 나타내고 호감을 보입니다. 그래서 인간관계에 많은 도움이 되고 있지요. 매력까지는 아니어도 적어도 관심이나 호감을 끌어낼 수 있다면 그것으로 충분하지 않을까요? 그리고 또 하나 중요한 것은 야구에 대해 말할 때면 제 자신도 즐겁다는 것입니다.

여기에서 한 가지 더. 저는 필리핀 복싱 영웅 파퀴아오의 열렬한 팬입니다. 지금 현역 복서 중 전 체급을 통틀어 최고의 선수로 꼽히는 파퀴아오의 경기를 보면 그야말로 환상적입니다. 그래서 저는 파퀴아오를 좋아하는 사람을 만나면 바로 친해집니다. 정치적 성향이나 성격의 차이에도 불구하고, 단지 파퀴아오를 좋아한다는 이유 하나만으로 그 사람이 내 편이라고 착각하는 것입니다. 더 나아가 괜찮은 사람이라고 단정 짓고 맙니다.

'처음 보는 사람인데 파퀴아오를 좋아한다는 이유만으로 그 사

람을 무턱대고 신뢰해도 괜찮을까?'

이렇게 반문해 보지만 어쩔 수 없습니다. 일단 그렇게 되니까요. 그것이 잡기가 갖는 힘입니다.

(4) 유머 있는 사람이 대세

유머는 경계를 허물어뜨린다

요즘은 재미있는 사람이 대세입니다. 사람들이 꼽는 매력 포인트 1순위는 단연 유머입니다. 지루한 사람은 참지 못하는 시대입니다. 물론 옛날에도 지루한 사람은 환영받지 못했을 것입니다. 하지만 인격이 고매하다거나, 아는 것이 많다거나, 훌륭한 일을 하는 사람이라면 지루해도 참는 것이 보통이었습니다. 아니, 심지어 그런 분들은 조금은 지루한 것이 당연하다고 여겼는지도 모릅니다. 그런데 세상이 변해서 지금은 재미가 없으면 곧바로 퇴출되는 분위기입니다.

한 케이블 방송에 인기가 없는 청년에게 외모가 세련된 여자를 소개해 주고 결과를 지켜보는 프로그램이 있었습니다. 출연하는 남자들은 대개 촌스럽고 자신감이 없는 편이고, 여자들은 미모도 어느 정도 되고 매너도 세련된 편이라 남자가 끌려다니는 형국이

었습니다. 저녁을 먹고 차를 마시고, 노래방에도 가고 이벤트를 한 뒤에 남자가 여자의 전화번호를 알아냅니다. 그 뒤 남자가 전화를 걸어 만남이 계속되는지를 지켜보는 것이었지요.

그런데 대개는 여자들이 남자를 찼습니다. 흥미로운 것은 왜 여자가 남자를 찼는가 밝히는 부분이었습니다. 여자는 남자에 대해 점수를 매깁니다. '성격은 10점 만점에 6점, 친절하고 밝아 보여서.' 이런 식으로 몇 개 항목을 체크하는데, 항목 가운데 유머도 있었습니다. 유머는 매우 큰 비중을 차지하고 있어 보였습니다. 다른 항목에서 높은 점수를 받아도 유머 점수가 낮으면 여자들의 얼굴에서 실망의 빛이 확연했거든요. 반대로 다른 면에서는 부족해도 유머가 뛰어난 경우에는 얼굴이 밝았습니다. "재밌었어요. 처음에는 별로처럼 보였는데 정말 재밌더라고요."라며 후한 평가를 내리는 것이지요. 이처럼 유머는 현대 사회에서 필수 조건이 되었습니다.

유머가 있는 사람은 사람들을 무장 해제하는 힘이 있습니다. 처음 보는 사람끼리는 당연히 서먹하고 경계를 합니다. 새로운 사람을 만나는 것은 누구에게나 스트레스가 되지요. 그런데 유머가 있는 사람은 이런 어색함을 한번에 날려 버립니다. 유머 있는 사람은 인터넷이나 잡지에 나온 우스운 이야기를 외워서 전하는 사람이 아닙니다. 그런 이야기도 하는 사람에 따라 듣는 사람의 반응이 전혀 다릅니다. 어떤 사람이 하면 정말 웃기는 이야기도 어떤 사람이 하면 분위기가 더 어색해지지요. 때로는 수습하기 곤란할 지경이 되기도 합니다. 유머는 그때그때 상황에 알맞게 멘트를 날려야 성공할 수 있습니다. 이렇게 말하면 유머에 능해지는 것이 어렵다고 생각할 수 있습니다. 사실 유머는 어렵습니다. 다르게 말하면 어렵기 때문에 유머에 뛰어나면 그만큼 매력적인 사람이 될 수 있습니다.

유머를 익히는 두 가지 방법

그럼, 유머는 어떻게 익힐 수 있을까요? 저는 천성적인 것이 가장 크다고 여깁니다. 태어날 때부터 웃기는 사람이 있습니다. 별로 노력하지 않아도 상황에 맞는 재치 있는 멘트를 날립니다. 하지만 보통 사람은 그러지 못하니 고민이 생길 수밖에요. 그렇다고 해서 방법이 없는 것은 아닙니다. 가장 좋은 방법은 유머가 풍부한 사람 옆에 있는 것입니다. 웃기는 사람과 오랫동안 함께하면 자연스럽게 전염됩니다. 따라 웃다가 자신도 점점 물들지요.

그런데 주위에 한결같이 엄숙한 사람들만 있다면 어떻게 해야할까요? 두 가지 방법이 있습니다. 하나는 솔직해지는 것이고, 다른 하나는 책을 많이 읽는 것입니다.

솔직해지는 것은 비교적 단순합니다. 모르는 것이 있으면 눈치를 보거나 체면을 생각하지 않고 물어보면 됩니다. 이탈리아 식당 메뉴판을 보면 낯선 이름이 수두룩합니다. 그런데 사람들은 대개

잘 아는 듯이 주문을 합니다. 이때 잘 모르는 메뉴에 대해 솔직하게 물어보는 사람은 재미가 있습니다. 대화 중에 모르는 단어가 나오면 체면 불구하고 그 뜻을 물어보는 사람도 재밌습니다. 누구나 꺼리는 돈 이야기도 아무렇지도 않게 묻는 사람은 재밌습니다. 사람들이 모여서 저녁 먹으러 갔을 때 "누가 돈 내는 거야?" 하고 묻는 사람은 분위기를 좋게 만듭니다. 누구나 궁금해하면서도 차마 말하지 못하는 것을 먼저 별일 아니라는 듯 꺼내는 사람은 재밌는 사람이 되고 환영받습니다. 솔직해지는 것만으로도 유머 있는 사람까지는 아닐지라도 재미있는 사람은 될 수 있습니다. 의례적인 말보다는 솔직한 말을 하는 사람에게 사람들은 끌립니다. 왜냐하면 자신의 속마음을 대신 말해 주기 때문이지요.

솔직하게 말하는 것도 연습이 필요합니다. 타고난 성격이 솔직한 사람도 있지만 대부분은 그렇지 않습니다. 솔직해지려면 우선 용기를 가져야 합니다. 용기는 자신감에서 나옵니다. 즉, 자신감 있는 사람이 솔직해질 수 있습니다. 자신감이 있으면 남의 시선이나 눈치를 보지 않고 자신이 궁금한 것을 묻고 말할 수 있습니다. 체면을 차리려 하고 남의 이목을 의식하는 사람은 보통 자신감이 없는 사람이고, 남을 의식하기 때문에 딱딱해져서 유머를 구사할 여유가 없어집니다. 따라서 재미없는 사람이 되고 말지요. 자신감을 갖고 솔직해지면 재미있는 사람이 될 수 있습니다.

유머를 익히는 두 번째 방법은 책을 읽는 것입니다. 책을 읽으면 남과 다른 생각을 갖게 됩니다. 남과 다른 시각에서 세상을 보는 일은 유머에서 중요합니다. 유머란 세상과 거리를 두면서 보통 시각과는 다른 시각에서 세상을 보는 데서 비롯되기 때문입니다. 예를 들어 이런 유머 말입니다. 커피를 영어로 무엇이라고 하는 줄 아세요? 답은 'SELF'입니다. 식당에 가면 종종 이런 안내가 붙어 있습니다. '커피는 SELF'.

이런 유머는 다른 시각에서 보기에 가능한 것입니다. 유머를 원한다면 텔레비전 뉴스나 신문, 인터넷에서 멀어져야 합니다. 대중이 보는 미디어는 흔한 정보를 전하고, 틀에 박힌 시각을 제공할 뿐입니다. 그런 것들보다는 잡지가 그래도 좀 더 독자적인 시각을 제공하고, 잡지보다는 책이 더욱 독자적인 시각을 보여 줍니다. 책은 개인이 오랜 시간 심혈을 기울여 완제품으로 구조를 갖춰 제공하는 것이기에 기존의 견해나 시각과는 다른 것이 보통이거든요. 기존의 것과 별로 차이가 없다면 뭐 하러 시간과 노력을 쏟아 부어 책을 쓰겠습니까? 앞서 개성을 갖고 싶으면 책을 읽으라고 했는데, 개성 속에는 자신만의 시각에서 비롯된 유머도 포함됩니다. 이래저래 책을 읽으면 얻는 게 많습니다.

'펀(fun)'이라고 표현되는 재미는 앞으로 상당히 오랫동안 대세를 이룰 것입니다. 나이를 떠나 재미있는 사람은 환영받을 것입

니다. 세상이 많이 안정되었기 때문입니다. 지금이 식민 지배를 받는 것도 아니고 독재 체제도 아니고 가난에 허우적대는 시대도 아니니까요. 외형상 평화의 시대라고 할 수 있는데, 평화의 시대에는 거창한 가치나 이념보다는 재미를 추구하는 경향이 있습니다. 따라서 재미있는 사람은 실없는 사람이 아니라 매력적인 사람으로 오랫동안 남을 것입니다.

(5) 첫인상을 결정짓는 스타일

외적 분위기를 만드는 세 가지 요소

'간지 뿜는다'는 말이 있습니다. 간지가 일본어라고 해서 쓰지 말라고 목소리도 높지만, 어쨌든 요즘 젊은 세대가 무엇을 원하고 있는지를 잘 드러내는 유행어입니다. 척 보았을 때 뭔가 분위기가 있어 보이는 경우에 이런 말을 쓰는 것 같은데, 사람들이 무엇에 매력을 느끼는지를 잘 나타내고 있습니다. 간지를 분위기로 바꾸어 이야기해 보겠습니다.

분위기는 세 가지로 구성되는 것 같습니다. 옷(액세서리, 구두 등을 포함), 머리 스타일, 그리고 소품입니다. 정신적인 것은 없고 모두 외적 치장과 관련된 것입니다. 한 사람의 정신세계는 겪어 보지 않고서는 알 수가 없기에 분위기에서 제외시켰습니다. 물론 척 보는 순간 정신 상태가 전해 오는 경우도 많이 있습니다. 얼굴 표정이 어두운 사람을 보면 뭔가 힘든 일을 겪고 있다는 생각이 들고, 아무리 잘 차려입어도 어딘가 모르게 싼 티가 나는 경우도 있지요. 여기서는 일단 외적인 것으로 생기는 분위기에 대해서만 말해 보겠습니다.

비싼 옷보다 어울리는 옷이 좋다

옷은 생각보다 중요합니다. 어떤 사람들은 옷에 큰돈 들이는 것을 욕하고, 젊은 사람들이 옷에 무척 신경 쓰는 것을 못마땅해하기도 합니다. 명품에 목숨 거는 젊은이들을 흉보고는 하는데, 사실 예전에도 명품이라는 말이 없었을 뿐 명품 선호는 있었습니다. 옷차림으로 사람의 첫인상을 판단하는 것도 지금과 같았지요. 다만 지금은 경우의 수가 많아졌을 뿐입니다. 즉, 옛날에는 돈이 많아도 옷의 종류가 얼마 되지 않아 무슨 옷을 고를까 고민하지 않았습니다. 그런데 이제는 어떤 옷을 어떻게 입어야 하는가를 고민하게 되었습니다. 옛날에는 아무 양복이나 한 벌 있으면 그것으로 양복 걱정은 끝이었습니다. 심지어 한 벌로 사계절을 나기도 했으니까요. 하지만 지금은 같은 돈이라도 무슨 옷을 사서 어떻게 입느냐가 개인의 선택에 달려 있고, 이런 선택이 개인의 취향을 드러내기 때문

에 고민하지 않을 수 없습니다.

 이제는 첫 대면에서 옷차림을 보고 개인의 취향을 읽어 내는 시대입니다. 아무리 머리에 든 게 많고 체격이 좋아 보여도 옷이 촌스러우면 사람도 촌스러워 보입니다. 말하자면 센스가 없어 보이는 것이지요. 신문과 방송, 인터넷과 책에는 옷 입는 법에 대한 많은 정보가 넘쳐 납니다. 그러니 조금만 신경 쓰고 연습하면 멋지게 옷을 입을 수 있을 텐데, 그러지 못하다면 무신경한 사람, 센스 없는 사람이란 이미지를 줍니다. 매력적으로 보이지도 않지요. 사람이 속이 중요하지 겉이 뭐 그리 중요하냐고 반문할 수도 있습니다. 맞는 말이기는 하지만, 옷차림이 첫 대면에서 이미 많은 것을 말해 주기 때문에 속을 보여 줄 기회조차 잡지 못할지 모릅니다.

 옷을 멋지게 입어야겠다고 결심을 해도 실제로 자신에게 맞는 스타일을 찾기는 쉽지 않습니다. 물론 잡지나 책 따위에 실린 기본 정보들이 크게 도움이 됩니다. 하지만 옷은 실제로 입어 보지 않으면 자신에게 어울리는지 안 어울리는지 알 수가 없습니다. 자기 체형에 맞는 스타일의 옷이 무엇인지를 아는 것도 쉽지 않지만, 그보다 어려운 것은 자기 생각과 다른 사람의 생각의 차이를 좁히는 일입니다. 쉽게 말하자면 내가 멋있다고 생각하는 스타일과 내가 입었을 때 남이 멋있다고 생각하는 스타일이 다르다는 것이지요. 정장보다는 캐주얼이 잘 어울리는 남자가 있다고 합시다. 그런데도 본인이 아래위 한 벌인 슈트를 선호하여 자신의 스타일이라고 우긴다면 대책이 없지요. 자유분방한 집시 스타일보다 세미 정장이 어울리는데도 본인이 집시 스타일이 맞는다고 고집하면 역시 대책이 없습니다.

자신에게 맞는 스타일을 찾아 자기 것으로 만드는 데는 많은 노력과 시간이 듭니다. 서두른다고 될 일이 아닙니다. 어렸을 때부터 이것저것 시험해 보아야 합니다. 어른이 되어서 돈을 벌어 갑자기 명품을 두른다고 해결될 문제가 아니지요. 그럴 경우 오히려 더 촌티가 날 수 있습니다.

관건은 자기에게 맞는 옷을 찾는 것입니다. 옷은 피부와 같아서 잘못 이식하면 거부 반응을 일으킵니다. 자신의 피부로 만들려면 반드시 시간이 필요합니다. 돈은 그 다음 문제입니다. 돈이 많아 명품으로 도배하면 자신도 멋있어질 수 있다고 생각한다면 오산입니다. 남의 옷이 아니라 자기 옷으로 만들려면 돈이 아니라 자신만의 스타일이 필요합니다. 그 스타일은 스스로 찾아야 합니다. 실제로 돈이 많아 명품을 걸친 사람들 가운데는 애는 썼지만 남의 옷을 걸친 것처럼 느껴지는 경우가 많습니다. 그보다는 수수하지만 자신의 스타일을 갖고 있는 사람이 멋쟁이입니다. 이런 사람이 매력이 있습니다.

머리 스타일 가꾸는 데는 시간이 걸린다

머리 스타일은 옷보다 간단할 것 같아도 실제로는 그렇지 않습니다. 이것 역시 자신에게 어울리는 스타일을 찾아야 하는데, 옷보다 어려운 까닭은 단순합니다. 돈입니다. 머리는 대체로 비싼 곳이 잘합니다. 그것은 전적으로 사람 손에 의존하는 일이기 때문입니다. 옷은 자신이 직접 만들어 입는 경우가 드뭅니다. 보통은 사서 입지요. 살 때는 미리 입어 볼 수 있으며, 마음에 안 들면 바꿀 수도 있습니다. 시행착오가 있으면 바로잡을 기회가 허용되는 것입니다. 그렇게 시행착오를 겪고 바로잡다 보면 맞는 옷, 마음에 드는 옷을 살 수 있습니다.

하지만 머리는 이와 달리 돌이키기 어렵습니다. 새로 자른 머리가 마음에 안 들어도 그저 다시 자랄 때까지 기다리는 수밖에 없습니다. 머리가 다 자란다 해도 문제가 해결되는 것은 아닙니다. 마음껏 다른 시도를 하기 어려우니까요. 머리 스타일은 적어도 6개월 이상이 되어야 원하는 스타일이 나오는 것 같습니다. 따라서 자신에게 맞는 머리 스타일을 찾는 것은 예상보다 훨씬 어렵습니다. 물론 지금 중고생은 두발 규제가 많을 테니 아직은 해당되지 않을 수 있겠습니다. 하지만 앞으로 직업을 가지고 일을 하려면 머리에 신경을 쓰지 않을 수 없을 테니 미리 알아두는 것이 좋습니다.

머리 스타일로 자신에 관한 많은 것을 보여 줄 수 있는데도 누구나 하는 스타일을 유지하면 자칫 무신경한 사람, 개성 없는 사람으로 보일 가능성이 큽니다. 그러면 매력 있는 사람이 되기 어렵지요.

자신에게 어울리면서 튀지 않더라도 은근히 개성이 있는 머리 스타일을 찾아야 합니다. 무신경하게 보이거나 진부해 보이면 강한 인상을 주기 어렵고, 일에서도 좋은 성과를 거두기 힘듭니다. 취업을 앞두었다면 면접 때 좋은 인상을 주는 옷차림과 머리 스타일에 대한 정보에도 귀를 바짝 세우게 됩니다. 그러나 면접을 보러 갈 때 스타일을 연구한다면 이미 늦은 것입니다. 그 전에 자기에게 맞는 옷 스타일을 찾고, 몸과 친숙하게 만들어 두어야 합니다. 머리도 하루 이틀 만에 자신의 스타일을 파악하고 자기 것으로 만들 수 없으므로 미리 연습을 해야 합니다.

소품이 개성을 말한다

소품은 개성을 드러내는 중요한 아이템인데 의외로 소홀히 다루어지고 있습니다. 필통은 학생 누구에게나 필요한 것이지요. 수없이 많은 필통 가운데 어떤 필통을 갖고 다니느냐는 그 사람의 취향을 드러냅니다. 처음 보는 사이인데도 소품 취향이 비슷한 것을 발견하거나 동일한 소품을 갖고 있으면 금세 친해집니다. 쉽게 서로에게 끌리는 것이지요.

일을 하다 보면 새로운 사람을 자주 만나게 됩니다. 사소해 보이

는 소품 하나로 쉽게 마음을 열거나 공감하는 사이가 된다면 일을 해 나가는 데 큰 도움이 될 것입니다. 처음 만난 사람이 꺼낸 업무 다이어리의 겉이 가죽인지 아니면 고풍스러운 종이인지가 회의 결과에 큰 영향을 끼칠 수도 있습니다. 또 고급 승용차를 타고 다니는 사람이 싸구려 낡은 지갑에서 돈을 꺼내는 모습을 보면 왠지 호감도가 떨어지기도 합니다.

소품에 신경을 써야 한다고 해서 고가품을 가지고 다니라는 말이 아닙니다. 오히려 고가품이나 최신품을 갖고 다니다가 반감을 사는 수도 왕왕 있습니다. 가방이나 안경, 지갑 등등 걸치거나 갖고 다니는 소품이 명품이라면 속물로 오해받을 수 있습니다. 값의 높고 낮음을 떠나 자신과 어울려야 합니다. 자신에게 화려한 안경집이 어울리는지, 무채색이 어울리는지, 플라스틱 케이스는 어쩐지 이상하다든지 따위를 알아내야 합니다. 물론 어울리는 것을 찾기까지는 시간과 노력, 많은 시행착오가 필요할 것입니다.

지식, 체력, 매력 플러스알파

지금까지 직업을 위해 지식, 체력, 그리고 매력을 준비해야 한다는 것을 말했습니다. 길게 말한 것 같지만 요약하자면 이렇습니다. 머리와 몸, 매력이 있어야 한다는 것입니다.

머리로 말하자면 전문 지식뿐만 아니라 한국어와 영어를 잘해야 하고, 자신이 필요한 정보를 얻을 수 있는 노하우를 익혀야 하며, 어느 분야에 대해서도 질문할 수 있을 정도의 교양을 쌓아야 합니다. 엄청나게 벅찬 과제처럼 보일지도 모르지만 사실은 그렇지도 않습니다. 무엇보다 호기심을 잃지 않는 것이 중요합니다. 일을 하려면 전문 지식이 필수이므로 전문 지식을 어쩔 수 없이 갖추게 됩니다. 그리고 영어는 싫으나 좋으나 해야 합니다.

문제는 정보와 교양입니다. 누구나 정보에 쉽게 접근하는 것 같지만 실상은 그렇지 않습니다. 관심이 있어야 정보에 접근하는 방법을 알게 됩니다. 따라서 어떤 문제이든 호기심을 갖는 것이 중요하지요. 호기심이 있으면 시키지 않아도 스스로 다 알아내거든요. 호기심을 넓혀서 모든 분야로 확대시키는 것이 바로 교양입니다. 세상의 거의 모든 것에 대해 알고 싶어 하는 마음이 있어야 끊임없이 공부하고, 공부한 결과가 교양으로 드러납니다. 즉, 모든 문제에 질문할 수 있는 능력이 생깁니다.

모든 문제에 답할 수 있는 사람은 없습니다. 그리고 그럴 필요도 없지요. 다만 사람들과 함께 지내고, 그들의 호감을 사고 싶다면 모든 문제에 대해 질문할 수 있어야 합니다. 이런 능력은 매력과도 깊이 연결되어 있습니다. 어떤 문제에 대해서도 질문할 수 있는 사람이 어떻게 매력적이지 않을 수 있겠습니까? 이런 사람은 남의 말을 잘 들어 줄 뿐만 아니라 질문을 함으로써 공감대를 형성하기

에 다른 사람의 마음을 끕니다. 호기심이 죽는다면 지적 활동이 정지하는 것이고, 그것은 매력의 죽음을 뜻합니다.

몸 역시 현대의 키워드 중 하나입니다. 아무리 머리가 좋고 능력이 있다고 해도 몸매나 체력, 건강이 뒷받침해 주지 않으면 직업에서 성공하기 어렵습니다. 우선 건강해야 하는 것은 필수 조건입니다. 프로 야구 선수가 아무리 기량이 뛰어나도 부상으로 뛰지 못하면 아무런 쓸모가 없는 것과 마찬가지이지요. 따라서 술과 담배를 하지 말아야 합니다. 직업의 세계는 장기전입니다. 장기전에서 이기려면 건강하지 않으면 안 됩니다.

그러나 건강만으로도 충분하지 않습니다. 체력이 있어야 합니다. 아프지 않더라도 힘이 없다면 일을 추진하기 어렵습니다. 고난을 이길 수 있는 체력이 있어야 하는데, 체력은 체격과는 관계가 없습니다. 따라서 자신이 단련하는 수밖에 없지요. 그러니 반드시 운동을 해야 합니다. 운동의 효과에 대해서는 더 설명할 필요가 없겠지요. 특히 직업과 관련해서는 청소년 때 같이 운동하던 친구들이 평생의 자산이 된다는 것만 다시 강조하면 충분할 것입니다.

건강하고 체력이 좋더라도 보기에 좋지 않으면 요즘 시대에는 잘 먹히지 않습니다. 몸짱까지는 아니더라도 비만은 곤란합니다. 현대는 영양 과잉의 시대이기에 급속도로 비만이 늘고 있습니다. 이런 시대에는 비만이 아닌 것만으로도 자신감을 가질 수 있습니다. 힘들더라도 몸매에 신경을 써야 합니다. 특히 살이 찌지 않도록 식생활부터 개선해야 합니다. 사업상 처음 만난 사이라면 특히 몸매를 보고 많은 것을 판단하므로 잘 가꾼 몸매는 틀림없이 호감을 주며, 이것이 일에 많은 도움이 됩니다. 살이 찌면 건강도 나빠지고 체력도 떨어지기에 신경을 쓰지 않으면 안 됩니다. 머리 못지 않게 몸이 중요한 시대에 살고 있다는 것은 누구나 알고 있습니다. 문제는 실천입니다.

머리도 좋고 몸도 멀쩡한데 어쩐지 정이 안 가는 사람이 꽤 많습니다. 착하고 성실하지만 왠지 친해지지 않는 사람도 있습니다. 직업의 세계는 사람들과 관계를 맺는 세계라고도 할 수 있는데, 그 가운데 성공을 거두려면 매력이 있어야 합니다. 매력이란 사람을 끄는 힘인데, 무엇이 사람을 끄는지는 설명하기 어렵습니다. 개인마다 다를 뿐 아니라 매력 자체도 파악하기 어렵기 때문입니다. 이 책에서는 성격, 개성, 잡기, 유머, 스타일을 매력을 구성하는 요소로 제시했지만, 이것으로 매력을 전부 설명할 수는 없습니다. 매력이란 이런 것들보다 훨씬 복잡하고 미묘하니까요.

성격을 통해 화학적으로 어울리는지 파악하고, 개성을 통해 그 사람만의 독특함이나 마니아적 요소를 봄으로써 친해질 수 있고, 잡기를 통해 취미나 장기를 공유하는 기쁨을 느낄 수 있으며, 유머를 통해 경계를 허물어 하나가 되는 순간을 경험하고, 스타일을 통해 살아온 내력이나 내공을 알게 됩니다. 그렇게 함으로써 서로가 끌립니다. 머리도 중요하고 몸도 귀중하지만 요즘처럼 매력이 위력을 발휘하는 시대도 없었을 것입니다. 개성 있는 사람, 뭔가 독특한 사람이 시선을 끌고 마음까지 차지합니다.

흔하게 볼 수 있는 외모가 아니라서, 혹은 쉽게 접할 수 없는 특기나 장기도 매력이 있지만, 가장 큰 매력은 책을 통해 얻을 수 있다는 것도 잊어서는 안 됩니다. 무엇으로 자신만의 매력을 발산하든 그 밑바탕에는 책에서 스스로 길어 올린 자신만의 생각이 있습니다.

5. 태도가 인생의 성패를 좌우한다

　지식, 체력, 매력은 모두 직업을 얻고 성공적으로 해 나가기 위해 준비해야 할 목록에 속합니다. "무엇을 갖추어야 직업의 세계에서 성공할 수 있을까?"라는 질문에 대한 답이라고 할 수 있겠습니다. 그런데 어떻게 일을 하는 가운데 늘 잘될 수만 있겠습니까? 직장 승진에서 탈락할 수도 있고, 사업이 부도 나서 망할 수도 있으며, 농사가 잘되었다고 좋아했는데 갑자기 태풍이 모든 것을 앗아갈 수도 있습니다. 뜻하지 않은 사건들로 일이 안 풀리고 고난에 빠지는 경우는 얼마든지 있습니다. 따라서 이런 경우를 대비하지 않으면 안 됩니다. 고난의 시기에 대처하는 방법을 모르면 일에서 견뎌 낼 수가 없기에 성공할 수도 없습니다.

　저는 힘든 시기를 견뎌 낼 수 있는 방법은 삶의 태도에 있다고 생각합니다. 즉, 삶에 어떤 태도를 지니느냐에 따라 어려운 시기를 견뎌 내고 결국 성공하느냐, 아니면 일의 몰락과 함께 인생도 몰락

하느냐가 결정된다고 봅니다.

그렇다면 어떤 태도가 바람직할까요? 쉽게 떠올릴 수 있는 것이 긍정적 사고입니다. 긍정적으로 생각하면 어떤 상황에서도 고난을 이겨 낼 수 있다고 흔히들 말합니다. 책이나 텔레비전에서 볼 수 있는 성공한 사람이 입을 모아 하는 이야기이지요. 물론 긍정적 사고의 힘은 놀랍습니다. 이것을 부정하는 것은 아닙니다. 하지만 긍정적 사고보다 더 큰 힘이 되는 것은 없을까요? 긍정적 사고보다 더 근본적이고 더 지속적이면서 효과적인 것은 없을까요? 저는 있다고 생각합니다. 검소한 생활 태도와 가난한 마음이 그것입니다.

(1) 검소한 생활

검소함의 미덕이 잊혀지고 있다

검소하게 산다는 것은 어쩐지 요즘 시대와는 어울리지 않는 모습인 것 같습니다. 몇 십 년 전만 해도 검소함이 미덕이었는데, 지금은 검소하다는 말을 입에 올리는 일도 드물어졌습니다. 검소 대신에 가난이라는 말이 널리 쓰이고 있지요. 즉, 누구나 부자로 살고 싶어 하는데 능력이 안 되거나 운이 없어서 가난하게 산다고 말하지, 부자이지만 검소하다든지 가난하기도 하지만 검소하다든지

하는 말은 듣기 힘듭니다.

왜 사람들은 검소하다는 말 대신에 가난하다는 말을 쓸까요? 거기에는 두 가지 뜻이 있습니다. 하나는, 현대 사회는 모두에게 평등한 기회를 주는데, 그 기회를 잡지 못한 사람들이 가난해진다는 뜻입니다. 다른 하나는, 현대인은 누구나 풍요롭게 살고 싶어 하지, 아끼고 궁상떨며 살고 싶어 하지 않는다는 뜻입니다.

현대는 분명 신분 사회가 아닙니다. 양반, 상놈이나 귀족, 노예가 존재하지 않습니다. 민주주의 사회이므로 누구에게나 기회가 균등하게 주어진다고 믿습니다. 따라서 가난한 사람은 핑계 댈 것이 없어졌습니다. 다 자신의 탓이 되어 버리니까요. 그러다 보니 가난한 사람은 인격적으로도 무시당합니다. 제가 어렸을 때만 해도 가난하다 해서 인격적으로 무시당하지는 않았습니다. 부모를 잘못 만나 학교에 못 간 탓이라거나, 워낙 없었기에 어쩔 수 없었다고 헤아리며 위안을 했지요.

하지만 지금은 상황이 바뀌었습니다. 민주주의로 인해 기회가 평등해졌다는 주장이 널리 퍼지고, 자본주의가 정착하고 있는 지금은 가난하면 사람들이 무시합니다. 따라서 사람들은 무시당하지 않으려고 돈을 벌기 위해 모든 노력을 아끼지 않고, 돈을 벌면 아낌없이 씁니다. 돈을 충분히 벌지 못해도 남들처럼 쓰려고 합니다. 그에 따라 검소하게 산다는 개념이 점차 사라지고 있습니다.

가난한 사람이 곧 무능력한 사람으로 동일시되는 환경에서는 누구나 부자로 살고 싶어 하는 것이 당연한 것으로 보이기에 검소함은 더욱 빠르게 잊혀지고 있습니다.

검소하면 고난에도 흔들리지 않는다

10여 년 전쯤에 신문에 이런 기사가 났습니다. 우리나라로 치면 전국경제인연합회쯤에 해당하는 일본의 경제 단체 회장의 집을 한국 기자가 취재하러 갔습니다. 기자는 그 정도 지위라면 상당히 큰 집에 살 거라 생각하고 길을 나섰습니다. 종이에 적힌 주소대로 집을 찾아보았지만, 아무래도 찾을 수가 없었답니다. 주소대로라 면 아주 허름하고 오래된 이층집이었는데, 그것이 회장의 집이라고는 상상할 수가 없었지요. 그래도 혹시나 하고 그 집 문을 두드렸답니다. 그랬더니 한 노부인이 나와서 그곳이 회장집이 맞다면서, 자신은 회장의 부인이라고 말했답니다. 일본의 경제 단체 회장이 그토록 검소한 생활을 할 것이라고 상상하지 못했던 기자는 큰 충격을 받았다고 합니다.

돈이 아무리 많아도, 지위가 아무리 높아도 사람으로서 최소한의 물욕만 채우면서 사는 것이 검소하게 사는 것입니다. 회장이라고 해도 사는 데 불편함이 없는 집만으로 만족할 뿐, 집으로 신분이나 지위를 과시하려 하지 않으면 검소한 삶입니다. 또 일하는 사람을 집에 두는 것을 자랑으로 삼지 않고, 스스로 일하는 것을 인간의 당연한 자세로 여기는 것 또한 검소한 삶입니다.

일본에 갔을 때 스키 장비를 자전거에 싣고 와서 케이블카를 타고 산에 올라 스키를 타는 할아버지와 손자를 본 일이 있습니다. 스키를 타러 간다고 요란을 떨 필요는 없는 것입니다. 스키가 타고 싶으면 그냥 자전거든 대중교통이든 형편대로 스키장에 가서 타면 됩니다.

이런 이야기를 읽은 적이 있습니다. 한 목사가 처음 교회를 맡아서 첫 월급을 탔는데, 십일조를 내지 않았답니다. 예를 들어 200만 원을 받았다면 10만 원만 내고 190만 원을 썼다는 식이지요. 교인들은 십일조를 하지 않는 목사를 비난했습니다. 그런데 세월이 흘러 이 목사가 더 많은 월급을 타게 되었을 때, 그제야 사람들이 목사의 뜻을 알게 되었다고 합니다. 그때는 500만 원으로 월급이 올랐는데도 190만 원만 쓰고 나머지 310만 원을 내놓았던 것입니다.

이런 삶이 검소한 삶입니다. 자신의 기준을 세우고 그 기준을 지키는 삶. 남들이 다 비싼 운동화를 신어도 자신은 언제나 자신에게 맞는다고 생각하는 운동화를 신고 사는 삶이 검소한 삶입니다.

남들의 기준 혹은 사회적 통념에 흔들리지 않고 자신의 원칙과 기준을 지키면서 살아야 위기를 이겨 낼 수 있습니다. 외제 승용차를 타다가 사업이 망하는 바람에 경차를 타게 되면 자신이 처량하

게 느껴질 것입니다. 그러나 사업이 잘될 때도 경차를 타고 다녔다면 망하더라도 흔들림이 훨씬 덜하겠지요. 부자가 가난해지면 참기 힘들지만 처음부터 검소하게 살면 가난해지더라도 별 상관이 없을 것입니다.

직업의 세계에서 부침은 다반사입니다. 특히 사업을 한다면 잘 나가다도 한번에 쫄딱 망하기도 합니다. 앞서 말한 것처럼 언제나 햇볕이 나는 것이 아니라 비 오는 날도 있게 마련입니다. 따라서 비 올 때를 예상해 대책을 마련해 두지 않으면 다시는 일어설 수 없습니다.

직업에 관해 사람들은 성공담을 듣고 싶어 합니다. 부자가 되는 비결을 듣고 싶은 것이지요. 하지만 언제나 성공 가도만을 달릴 수는 없기에 실패했을 때 어떻게 헤쳐 나오는가를 반드시 알아야 합니다. 머리도 좋고 몸도 이상 없고 매력이 넘친다고 해도 생활 태도가 올바르지 못하면 일에서 성공하기 힘듭니다. 크게 성공했더라도 단 한 번의 실패에 재기가 매우 힘들 수 있습니다. 그래서 검소한 생활을 삶의 기본 태도로 삼아야 한다는 것을 강조하는 것입니다. 그래야 비 오는 날도 견딜 수 있고, 성공을 한다면 성공을 튼튼하게 잡아 둘 수 있습니다.

검소한 생활을 강조하는 것이 고리타분하게 들릴지 모르겠지만, 실제로 성공한 사람들 가운데 상당수가 의외로 검소하게 살고 있습니다. 남을 열심히 돕는 가운데 자신은 검소하게 사는 사람이 직업에서도 성공합니다. 그래야 비 오는 날에도 견딜 수 있습니다.

(2) 가난한 마음

가난한 마음이 재기를 돕는다

일에서 만족을 얻거나 성공하려면 언제나 가난한 마음을 가져야 합니다. 가난한 마음이란 교만하지 않다는 뜻입니다. 일이 잘되어도 항상 운이 좋았다거나, 남들의 도움 덕분이라고 생각하는 것이지요. 말로만 형식적으로 표시하는 것이 아니라 실제로 그렇게 생각하는 것입니다.

살아갈수록 운이 절대적이라는 것을 깨닫게 됩니다. 아무리 애써도 잘 안 되는 경우가 허다하고, 거의 같은 노력을 들였는데도 어떤 사람은 잘되고 어떤 사람은 고생만 하는 경우도 흔합니다. 따라서 가난한 마음을 갖지 않으면 사는 것도 힘들어지고 일에서도 성공하기 어렵습니다.

모든 일이 순조로울 때는 그 사람이 설사 교만한 마음을 지녔다 해도 사람들은 그 앞에서 비난하거나 싫은 소리를 하지 않습니다. 그래야 무엇인가 이득을 얻을 수 있으니까요. 하지만 사업이 안 풀

리거나 좋은 자리에서 물러나면 매정하게 등을 돌리는 게 세상 인심입니다. 그러면 재기하기가 무척 어렵습니다. 잘나갈 때가 아니라 힘들고 고난에 처했을 때 도움이 필요한 법인데, 정작 필요할 때 사람들이 등을 돌리니까요. 이것이 세상의 이치입니다. 어려움에 처했을 때 도움받기를 원한다면 평소에 가난한 마음으로 살아야 합니다.

우리는 노력을 강조하는 시대에 살고 있습니다. 이때의 노력이란 자신의 노력을 가리킵니다. 노력으로 모든 것을 이룰 수 있는 것처럼 말하지요. 특히 입시가 있는 중고생에게는 노력하지 않으면 일류 대학에 갈 수 없다는 것을 끝없이 강조합니다. 따라서 공부를 못하거나 좋은 대학에 못 가는 사람은 노력이 부족한 사람으로 여겨지며, 성실성마저 의심받습니다. 이런 분위기는 대학과 사회까지 이어져 노력으로 모든 것을 이룰 수 있다는 생각이 널리 퍼져 있습니다.

물론 본인의 노력이 공부나 일의 성취에서 가장 큰 부분을 차지하는 것은 맞습니다. 어떻게 노력하지 않고 성적을 올리고, 일에서 성과를 거둘 수 있겠습니까. 하지만 이런 생각에 전적으로 지배당하면 곤란합니다. 한 사람이 일을 성취했다면 분명 그 과정에 많은 사람의 도움을 받았고, 운도 따랐기에 가능했던 것입니다.

가수들을 보면 이런 이야기를 자주 합니다. 스타가 된 가수가 말

하기를, 자신보다 훨씬 더 노래도 잘하고 인간성도 좋은 가수들이 꽤 많이 있었는데 그들의 노래가 시절에 맞지 않아 무명으로 잊혀 졌다는 것이지요. 제 자신을 돌이켜 보아도 그렇습니다. 학교 다 닐 때 저보다 글을 잘 쓰는 친구들이 꽤 많았습니다. 저는 고등학 교 때까지 글을 써서 발표해 본 적이 전혀 없습니다. 하지만 친구 들 가운데 몇몇은 고등학교 때 이미 글을 써서 상도 타고 이름을 날리기도 했습니다. 그런데 지금 글을 써서 먹고사는 친구는 거의 없습니다. 운이 나빴던 것이 아니라 여러 가지 사정이 있었던 것 이지요. 다른 분야에서 더 나은 재능을 가지고 있었거나, 현실적인 필요 때문에 진로를 바꾸거나 했던 것입니다. 따라서 제가 지금 글 을 써서 살고 있는 것은 어찌 보면 우연입니다. 제 노력도 있었지 만, 시류와 잘 맞았다는 운 덕도 큽니다. 그리고 실제로 많은 사람 들, 특히 친구들의 도움이 컸습니다. 친구들이 돕지 않았다면 지금 의 일이 불가능했을 것입니다.

자기가 잘나서가 아니라 남들의 도움과 운 덕이라는 가난한 마 음, 어떤 상황에서도 항상 검소한 생활을 하려는 태도는 어려움을 이겨 낼 수 있는 원동력이 됩니다. 살다 보면 재능도 비슷하고 노 력도 비슷하고 집안 환경마저 비슷해도 일의 성취에서 큰 차이가 나는 것을 자주 볼 수 있습니다. 그 원인은 대개 태도에 있습니다. 세상에 대해, 인생에 대해 기본적으로 어떤 태도를 갖고 있느냐가

장기적으로 보자면 일의 성패를 가릅니다.

저는 여태껏 좋은 집안에서 태어나 재능까지 갖춘 사람들을 많이 보아 왔습니다. 그 가운데 많은 이들이 머리와 몸, 매력까지 두루 갖추었지만 태도의 문제 때문에 결국 좌절했습니다. 물론 가난한 마음과 검소한 생활 태도를 갖추고 있다고 해서 반드시 성공하는 것은 아닙니다. 하지만 가난한 마음과 검소한 생활 태도를 갖고 있다면 어려움이 닥쳐도 다시 일어설 수 있기에 결국 성공할 가능성이 높습니다. 머리도 필요하고 몸도 다듬어야 하고 매력도 있어야 하겠지만, 그 바탕에 검소한 생활 태도와 가난한 마음이 있어야 그 모든 것이 빛을 발할 것입니다.

6. 생각은 힘이 세다

용량을 키우고 유연성을 기르라

지금까지 직업을 위해 무엇을 준비해야 하는가를 이야기했습니다. 수명이 늘어나고 몇 번이나 전직을 해야 하고, 미래가 불투명할 뿐 아니라 경쟁도 날로 치열해지고 있기에 이제 직업에 관한 한 안전지대는 없다고 해야 할 것입니다. 앞에서는 그에 대한 대비책으로 지식, 체력, 매력과 태도를 제시했습니다. 그런데 이 네 가지를 아우르는 단어가 있으니, 그것은 바로 용량입니다.

용량이란 받아들일 수 있는 부피나 크기를 말하는데, 컴퓨터의 용량이라는 말을 떠올리면 쉽게 짐작할 수 있을 것입니다. 다시 말해서, 무엇이든 할 수 있을 정도로 용량을 키워 놓으면 직업을 바꾸더라도 성공적으로 적응할 수 있습니다. 용량이 작은 그릇을 생각해 보세요. 용량이 작은 그릇에는 참외는 담을 수 있어도 수박은 담을 수 없습니다. 따라서 용량이 클수록 유리하겠지요.

무엇을 준비해야 하는가
•

그런데 우리가 직업과 관련해 갖춰야 할 용량은 그릇과 다릅니다. 즉, 음식을 담는 그릇이라면 용량이 클수록 유리할 수 있지만, 직업을 담는 용량은 용도에 맞추는 것이 무엇보다 중요합니다. 참외를 담을 그릇이 필요한데 쓸데없이 크다면 오히려 부적합하지요. 따라서 어떤 용도에든 적합한 크기여야 좋은 그릇이 될 것입니다. 그러나 실제로 이런 그릇은 없습니다. 그릇이란 형체가 고정되어 있으니까요. 처음부터 용량과 용도를 정해 놓고 만드니까요. 하지만 사람이라는 그릇의 용량은 크기가 한정되어 있지 않고 형체도 없습니다. 즉, 눈에 보이지 않습니다. 다시 말하자면 눈에 보이지는 않는 잠재적 능력이라고 부를 수도 있습니다.

관리 사원으로 평생을 보냈더라도 퇴직한 뒤에는 치킨집을 할 수 있어야 하고, 치킨집이 망하면 거리에서 과일을 팔 수 있어야 합니다. 여러 가지 직업이나 일을 자유자재로 택해서 어느 정도 성공할 수 있는 능력이 있어야 한다는 뜻입니다. 이런 것이 바로 용량의 문제입니다. 어떤 직업을 택해도 어느 정도까지는 잘 해낼 수 있어야 용량이 크다고 할 수 있습니다. 달리 말해 유연성이 큰 것이지요.

평생 공무원으로 일한 사람들 가운데는 퇴직 후 사회에 적응하지 못하고 심심하게 지내거나, 심지어 사기를 당해 퇴직금을 날리는 경우가 많다고 합니다. 특히 군인의 경우는 사회 적응 기간을 두고 있지만 여전히 적응을 힘겨워한다더군요. 한 가지 형태의 그

룻만 가지고 있기 때문입니다. 야구 선수로 일생을 살아온 사람도 사회에 나와서 어려움을 겪기는 마찬가지라고 합니다. 여태껏 배워 온 것이, 할 줄 아는 것이 야구밖에 없으니 사회에 나와 할 수 있는 일이 별로 없습니다. 이런 폐해를 줄이고자 학생 선수들에게 방과 후에만 연습을 하도록 하고, 시합은 주말에만 하도록 조치가 취해졌습니다. 전인 교육이 필요하다는 것을 비로소 느낀 것이지요. 전인 교육을 더 구체적으로 밝힌 것이 지식, 체력, 매력, 태도입니다. 이런 것들을 갖추고 있으면 용량이 커지고 유연성이 생겨 험한 직업 세계를 헤쳐 나갈 수 있습니다.

하지만 말은 쉬워도, 실천은 어렵습니다. 지식만 해도 영어에, 전문 지식에, 교양까지 쌓아야 하고, 그것도 모자라 정보에 접근하는 방법도 수시로 업데이트해야 합니다. 이것 하나만으로도 힘듭니다. 체력도 만만치 않습니다. 살이 찌지 않도록 먹는 것에 언제나 주의를 게을리 하면 안 되고, 몸매만 보기 좋아서는 실제로 쓸모가 없기에 체력을 기르기 위해 운동을 꾸준히 해야만 합니다. 그리고 아프면 아무것도 성취할 수 없으니 건강도 유의해야지요. 이정도만 해도 머리가 아플 지경인데 이것으로는 부족합니다. 매력이 있어야 하고 올바른 태도를 지녀야 합니다. 개성 있고 잡기에 능하며 유머도 있고 스타일도 멋있으면서 성격도 좋아야 합니다! 이 정도만으로도 포기하고 싶은 마음이 들 텐데, 게다가 항상 검소한 생활을 하고 가난한 마음으로 인생을 대하는 태도까지 갖추어야 한다니!

이런 것들을 다 갖추면 정말로 용량이 커지고 유연성이 생길 것 같습니다. 그러나 문제는 너무 가짓수가 많고, 실제로 다 갖추기 힘들어 보인다는 것이겠지요. 어떻게 다 갖출 수 있겠습니까? 하지만 방법이 없는 것도 아닙니다. 중심을 잡고 시간을 두고 하나씩 하면 됩니다.

모든 것은 생각의 위대한 힘을 믿는 데서 시작된다

중심이란 다름 아닌 생각의 힘을 믿는 것입니다. 개성이든 잡기든 비만이든 영어든 그 어떤 것이든 생각에서 출발합니다. 나는 이런 인간이 되고 싶다, 되고야 말겠다는 생각을 함으로써 모든 것이 시작됩니다. 해야 할 것들이 너무 많지요? 하지만 생각의 힘을 믿는다면 시간이 걸릴 뿐 거의 다 이룰 수 있습니다. 우리는 주변 환경이나 자신의 타고난 능력, 혹은 운을 탓하고는 합니다. 하지만 그 모든 어려움도 생각의 힘으로 헤쳐 나갈 수 있습니다.

철학자 니체는 이렇게 말했습니다.

"생각과 믿음은 다른 모든 문제와 함께 너를 내리누르는, 아니 그것들보다 더 심각한 중요한 문제이다. 음식, 살고 있는 곳, 공기, 사회가 너를 변모시키고 규정한다고 너는 말하겠는가? 그렇다면 너를 더욱 그렇게 만드는 것은 너의 견해이다. 왜냐하면 너의 견해가 너로 하여금 네가 먹는 음식, 장소, 공기, 사회를 선택하도록 만들었기 때문이다."(니체 지음, 안성찬·홍사현 옮김, 『유고』, 책세상)

사고방식이 우리를 결정짓고 변화시킨다는 니체의 말은 옳은 것 같습니다. 결국은 다 생각에 달렸기 때문이지요. 여기에서 생각이란 긍정적으로 생각하라는 식의 싸구려 말이 아닙니다. 이 세상에서 가장 무서운 것이 생각이라는 뜻입니다. 마음먹기에 따라 세상이 달리 보일 수 있으니 긍정적으로 사고하라는 것은 낮은 수준의 생각일 뿐입니다. 정말이지 현실은 만만치 않습니다. 고통이 도처에 널려 있으며, 제거해야 할 장벽도 많습니다. 단순히 긍정적으로 세상을 바라본다고 자신이 변하지 않습니다. 제대로 봐야 하고, 피하지 말아야 합니다.

어렸을 때 지녔던 조그만 생각의 차이가 훗날 아주 다른 인생을 만들기도 합니다. 등산을 하다 보면 처음에 아주 조금 방향을 잘못 잡았을 뿐인데 끝에 가서는 전혀 엉뚱한 곳에 있게 되는 경우가 종종 있습니다. 생각하는 것도 이와 마찬가지입니다. 자신에 대해, 세상에 대해, 사람들에 대해 어떻게 생각하느냐, 그리고 직업에 대해 어떻게 생각하느냐 등 생각할거리는 무수히 많습니다. 흘러가는 대로 산다면 공허해지고, 시키는 대로 살면 허무해집니다. 남의 기준에 맞춰 일생을 산다면 성공을 한다 해도 껍데기만 남습니다. 자

신의 생각으로 인생을 살아야 하는데, 그 생각의 핵심 몇 가지 가운데 '직업'이 있습니다.

사람이 평생 놀고먹을 수는 없으므로 일을 할 수밖에 없습니다. 일을 하다 보면 일이 자신의 인생을 만든다는 것을 알게 됩니다. 처음에는 사람이 일을 선택하고 사람이 일의 주인처럼 느껴지지만, 시간이 지날수록 일이 인생의 주인이 됩니다. 그만큼 일은 인생에서 중요합니다. 한 사람의 생애를 평가할 때 얼마나 잘생겼는지, 얼마나 부자였는지, 얼마나 공부를 잘했는지를 말하지 않습니다. 결국 무슨 일을 했고 무엇을 남겼는가를 이야기합니다. 일을 통해 인생은 의미와 가치를 얻습니다.

이제 직업에 관한 고찰을 마무리할 때가 되었군요.『성적은 짧고 직업은 길다』에서는 직업 선택이 왜 어려운지, 왜 그냥 놀고먹으면 안 되는지, 어떻게 하면 직업에서 성공할 수 있는지 등을 살펴보았습니다. 그리고『준비가 알차면 직업이 즐겁다』에서는 자신에게 맞는 직업을 찾는 방법과 직업에서 성공하기 위해 준비해야 하는 것들을 구체적으로 알아보았습니다. 모두 다 의미가 있고 쓸모가 있을 것이지만, 그 모든 것은 바로 생각의 힘을 믿는 데서 시작되어야 합니다. 스스로 생각하지 않고, 생각이 세상과 인생을 바꿀 수 있다고 믿지 않는다면 앞서 말한 것들이 한갓 기술로 전락할 수 있기 때문입니다.

인생과 직업에 대해 근본적으로 생각하는 것은 쉽지 않습니다. 그래도 생각이 가장 힘세다는 것을 명심하고 조금씩 연습을 해 가면 생각보다 빨리 이 책에서 권하는 것들을 갖출 수 있을 것입니다. 다시 말하지만, 생각의 위대한 힘을 믿는 데서 모든 것이 시작됩니다.

생각의 힘을 키우는 낙서장

2권의 끝에서 "모든 것은 생각의 힘을 믿는 데서 시작된다."고 했습니다. 그럼, 자신의 생각을 끌어내 볼까요?

아래에 몇 가지 물음을 던질 것입니다. 여기에 정답은 없습니다. 그저 마음 가는 대로, 낙서하듯 끼적여 보세요. 그러면 생각이 꼬리에 꼬리를 물고 실타래처럼 풀릴 것입니다. 그러는 사이 자기 자신과 진로에 조금 더 다가서기를 바랍니다.

1. 나는 돈이 많은 것 / 시간이 많은 것 이 좋다.

손때 묻은 물건 / 신상품 이 좋다.

혼자 있는 시간 / 여럿이 함께하는 시간 이 좋다.

규칙적인 것 / 변화무쌍한 것 이 좋다.

차분한 분위기 / 활발한 분위기 가 좋다.

익숙한 사람과 보내는 것 / 새로운 사람을 만나는 것 이 좋다.

2. 나는 _____ 에 관심이 많다.

_____

_____

_____

아프리카 줄루 족의 언어
_____

자동차 디자인
_____

3. 나는 _____ 을 잘한다.

_____

_____

_____

영화를 보고 남에게 들려주는 것
_____

냉장고 속 갖은 재료로 간식 만드는 것
_____

4. 나는 _____ 에는 자신이 없다.

_____

_____

_____

_____

거스름돈을 정확히 계산하는 일

친구의 생일에 멋진 카드를 쓰는 일

5. 나는 혼자 있을 때 _____ 를 좋아한다.

_____

_____

_____

공상하기

화초 가꾸기

6. 나는 여럿이 있을 때 ＿＿＿＿＿＿＿＿ 를 좋아한다.

＿＿＿＿＿＿＿＿＿＿＿＿＿

＿＿＿＿＿＿＿＿＿＿＿＿＿

＿＿＿＿＿＿＿＿＿＿＿＿＿

＿＿＿＿＿＿＿＿＿＿＿＿＿

함께 무엇을 먹을지 메뉴 정하기

친구들의 이야기를 듣기

7. 돈을 많이 벌면 ＿＿＿＿＿＿＿＿ 를 하고 싶다.

＿＿＿＿＿＿＿＿＿＿＿＿＿

＿＿＿＿＿＿＿＿＿＿＿＿＿

＿＿＿＿＿＿＿＿＿＿＿＿＿

할머니 임플란트 치료해 드리기

하와이에 가서 윈드서핑

8. 시간이 많으면 _____ 를 하고 싶다.

_____

_____

_____

_____ 50권짜리 한국문학전집 읽기

_____ 한 도시에서 1달 동안 살고 이동하기

9. 10년 뒤 내가 _____ 을 하고 있으면 좋겠다.

20년 뒤 내가 _____ 을 하고 있으면 좋겠다.

30년 뒤 내가 _____ 을 하고 있으면 좋겠다.

40년 뒤 내가 _____ 을 하고 있으면 좋겠다.

50년 뒤 내가 _____ 을 하고 있으면 좋겠다.

60년 뒤 내가 _____ 을 하고 있으면 좋겠다.

70년 뒤 내가 _____ 을 하고 있으면 좋겠다.

직업에 관한 고찰 02
준비가 알차면 직업이 즐겁다

초판 1쇄 발행/2009년 10월 25일
초판 15쇄 발행/2023년 6월 29일

지은이/탁석산
펴낸이/강일우
책임편집/이효진
펴낸곳/(주)창비
등록/1986년 8월 5일 제85호
주소/10881 경기도 파주시 회동길 184
전화/031-955-3333
팩시밀리/영업 031-955-3399·편집 031-955-3400
홈페이지/www.changbi.com
전자우편/ya@changbi.com

ⓒ 탁석산 2009
ISBN 978-89-364-5805-8 03300
ISBN 978-89-364-5991-8 (전2권)